COSE D'ITALIA
tra lingua e cultura

GW00467542

Giovanna Stefancich

COSE D'ITALIA

tra lingua e cultura

BONACCI
B
EDITORE

Ringraziamenti

Tra i molti ringraziamenti dovuti ai molti che, in una materia così sfuggente, hanno contribuito a verificare origine, esattezza, appropriatezza, frequenza d'uso, riconoscibilità dei dati citati, un grazie speciale per suggerimenti, interventi, commenti, va a Serena Ambroso.

Progetto e coordinamento grafico:
GDE - Grafica Due per l'Editoria s.a.s. - Bologna

Disegni di Michele Pirazzini

Printed in Italy

Bonacci editore srl
Via Paolo Mercuri, 8
00193 ROMA (Italia)
tel:(++39)06.68.30.00.04
fax:(++39)06.68.80.63.82
e-mail:info@bonacci.it
http://www.bonacci.it

Indice

Introduzione a Cose d'Italia

Che cos'è?

È uno strumento didattico da utilizzare nell'ambito dell'insegnamento dell'italiano come L2. Non si occupa di grammatica o di sintassi o di fonetica e non sostituisce in nessun modo un corso di lingua ma della lingua tratta quegli aspetti che chiamiamo "culturali", legati cioè indissolubilmente alle usanze, alle credenze, ai miti, ai ricordi comuni che formano l'identità di un gruppo e in cui gli estranei al gruppo stentano a ritrovarsi (in "fanno delle riunioni carbonare", "carbonare" vuol dire segrete solo per chi ha studiato a scuola la Carboneria risorgimentale / in "portava le Superga", le "Superga" sono una marca di scarpe sportive notissima per noi ma non necessariamente per altri / in "sono come Bartali e Coppi", "Bartali e Coppi" sono due popolarissimi campioni di ciclismo del nostro recente passato, che pochi fuori d'Italia riconosceranno come proverbialmente rivali). Obiettivo del libro è offrire possibili chiavi di lettura, ridurre le distanze tra chi, quando si parla di "cose italiane", sta "dentro" e chi resta "fuori".

Quale cultura?

Volendo offrire uno spaccato dell'Italia (uno dei possibili spaccati dell'Italia) non è stato ovvio stabilire che cosa includere, su che cosa insistere o minimizzare, che cosa evitare del tutto. Si è scartato ciò che era o sembrava troppo effimero, destinato a non durare, oppure troppo settoriale o marginale, ciò che era o sembrava troppo invecchiato o troppo difficile da capire o azzardato o sgradevole. Si è lavorato su quanto appariva attuale, rappresentativo e didatticamente stimolante ma è forse inevitabile che sulle scelte operate abbiano giocato, oltre a considerazioni più generali, anche idiosincrasie personali.

Come è formato?

Da sei capitoli intitolati ciascuno con una delle "frasi fatte" per noi abituali. "Fratelli d'Italia", titolo dell'inno nazionale, introduce a un primo capitolo sull'Italia, con la sua bandiera, i suoi confini, le sue regioni, le sue città e i suoi luoghi. "Scherza coi fanti", parte iniziale di un noto proverbio che termina con "e lascia stare i santi", entra nell'ampia tematica dei regali fatti alla lingua, nell'arco di duemila anni, dai testi e dalla pratica religiosa. "Il cacio sui maccheroni", espressione metaforica di uso comune, affronta a grandissime linee la cucina italiana e la sua influenza anche linguistica sulla quotidianità. "Tiremm innanz", frase storica che abbiamo tutti imparato da bambini, apre il capitolo sulle citazioni ricorrenti che traiamo appunto dalla storia patria, dalla classicità, dai nostri testi letterari o operistici, dalla pubblicità ecc. "Siamo uomini o caporali?", titolo di un film famoso e frase che ha fatto epoca, annuncia un capitolo sul cinema italiano e su quanto e come abbia influito anch'esso sulla lingua. L'ultimo capitolo, chiamato con un paragone cristallizzato "Nudo come un verme", esamina le differenze nelle percezioni "culturali" del mondo fra noi e altri paesi e le diversità linguistiche che ne scaturiscono.

Ogni capitolo si apre con una introduzione che tratta il punto indicato dal titolo con mano leggera, attraverso solo qualche sua componente, senza intendere o pretendere di esaurirlo o neanche affrontarlo in profondità. Le introduzioni sono seguite da un certo numero di esercizi didattici con tipologia diversa e difficoltà variata sia sul piano linguistico che su quello più specificamente "culturale". Scopo degli esercizi non è quello di testare e valutare, ma solo di insegnare, ponendo domande e provocando quindi un piccolo sforzo iniziale di memoria o di riflessione da parte del discente invece di dare immediatamente le risposte. Le risposte, comunque, ci sono sempre: spesso nella domanda che segue viene già usata esplicitamente la risposta alla domanda precedente. Molto spesso le soluzioni ai quesiti posti dagli esercizi vengono date, sia pure in ordine sparso, subito dopo la fine dell'esercizio e al discente spetta solo di andarle a rintracciare. E alla fine del libro, per ogni sua singola richiesta, si trovano le chiavi, che non si limitano a soluzioni sommarie ma spesso si allargano a ulteriori informazioni e spiegazioni e che preferiamo non considerare sempre normative giacché in più d'un caso la risposta non è univoca e altri suggerimenti sono possibili e bene accetti.

A chi è destinato?

A quegli insegnanti e a quei discenti che nei loro percorsi didattici si sono accorti che i break out nella comunicazione sono dovuti anche a incomprensioni "culturali", a diversità non traducibili, non direttamente trasportabili da una lingua all'altra;
a chi, avendo una discreta o buona padronanza della nostra lingua, si trova in difficoltà quando non recepisce i riferimenti alle "cose che tutti gli altri sanno" o a chi risiede a vario titolo in Italia e, pur sbrogliandosela bene con l'attualità, risente la mancanza di una formazione in loco;
a chi non ha ancora una buona padronanza della lingua o ha appena cominciato a studiarla ma desidera procedere parallelamente con l'apprendimento della lingua e dei "fatti nostri";
a chi presume di non conoscere abbastanza o con bastante sicurezza il paese in cui l'italiano è parlato, inclusi i parlanti nativi che per qualche motivo hanno perso i contatti "culturali" con la madre patria;
a chiunque abbia interesse per l'Italia.

Come si usa?

Per un buon uso del libro è ipotizzato in partenza un livello medio di conoscenza della lingua necessario per comprendere le consegne e le introduzioni (che tuttavia potrebbero essere spiegate dall'insegnante in altra lingua). Tra gli esercizi, di difficoltà linguistica assai variabile, alcuni, soprattutto i brani di lettura, possono creare qualche problema mentre molti si affrontano con conoscenze elementari. Le difficoltà variano anche a livello di contenuto: non è compito difficile per nessuno dire il nome della capitale italiana o elencare i colori della nostra bandiera, altre cose sono più complesse ma lo sforzo richiesto comporta sempre abilità di riconoscimento e non di produzione autonoma.
Circa i criteri di somministrazione, si può anche cominciare dalla prima pagina e andare avanti linearmente fino all'ultima, tuttavia non è questo l'unico modo di utilizzo. I capitoli, infatti, sono del tutto indipendenti l'uno dall'altro e chi si interessa di cinema non ha l'obbligo per questo di occuparsi anche di cucina, o perlomeno non nell'ordine suggerito dall'indice; chi trova interessante l'uso odierno delle frasi latine può tranquillamente sorvolare su quanto ci deriva dalla religione. Anche all'interno dei capitoli non è affatto indispensabile seguire la progressione degli esercizi proposti ma è possibile creare percorsi sia tematici che linguistici, anche fra capitoli diversi, a seconda delle capacità linguistiche, delle conoscenze pregresse, degli interessi dei discenti o delle necessità di ordine didattico.

FRATELLI D'ITALIA

FRATELLI D'ITALIA

S e di una lingua conosciamo la grammatica e la sintassi, una adeguata quantità di lessico e la corretta pronuncia e intonazione, non a torto riteniamo di essere pronti a usarla, pronti a immergerci nella comunità di chi la parla, con la ragionevole previsione di intendere e di farci intendere. Abbastanza presto scopriamo invece che la nostra comprensione è ridotta quando non riusciamo a cogliere il senso di usi linguistici ma anche extra-linguistici che non ci appartengono, che non hanno fatto parte della nostra formazione. Si tratta di quegli aspetti della lingua che chiamiamo "culturali": tutta una serie di riferimenti a un sapere, a un vivere e a un credere in comune che anche in tempi di "villaggio globale", di omologazioni culturali che interessano il pianeta, riguardano solo ambienti delimitati (i ricordi della scuola e la pubblicità ripetuta ogni sera in televisione, le squadre di calcio e la canzonetta dell'anno, il fatto di cronaca che ha colpito l'attenzione della gente e la battuta comica che l'ha fatta ridere). Alla "cultura" appartiene l'interpretazione di parole a prima vista univoche: una casa "grande" o una "grande" famiglia possono indicare entità oggettivamente assai diverse a seconda delle diverse società, l'età di una "giovane" coppia differisce anche di molto in dipendenza della percezione sociale del momento giusto per il matrimonio.

Specificamente alla "cultura italiana" appartengono le informazioni fornite a chi le sa leggere da frasi come: "X legge il Manifesto", giornale più di altri colorato politicamente in un'area di sinistra, "Y passa la giornata guardando Domenica in", seguitissimo varietà televisivo, "la tale si veste ai grandi magazzini", con spesa non troppo elevata, "il talaltro porta l'orecchino, o il codino", diffuse mode giovanili non troppo amate da genitori e datori di lavoro. Allo stesso modo, non è possibile capire "ha fatto 13", usato anche metaforicamente, se non si è familiari con il gioco del Totocalcio, in cui indovinare i risultati corretti di 13 partite comporta una vincita in denaro; "contare come il due di briscola" vorrà dire "contare poco" solo per chi conosce le regole della "briscola", popolare gioco di carte, e solo chi conosce il gioco del Lotto comprenderà "è un terno al Lotto" (che vuol dire "c'è poca probabilità di farcela ma con un po' di fortuna, chissà").

Anche l'espressione "atmosfera natalizia", per noi così ovviamente connotata da buoni sentimenti (almeno nelle intenzioni), riunioni di famiglie, grandi mangiate e corsa agli acquisti dei regali, non è detto che sia compresa da chi il Natale lo celebra in modi o climi diversi o non lo celebra affatto. Così, l'espressione "Ferragosto in città", quando tutti sono in vacanza, evoca immagini di strade vuote, caldo soffocante e negozi chiusi né ovvie né immediate per chi non ne ha fatto diretta esperienza.

Tra le mille interconnessioni di lingua e cultura, già i riferimenti geografici puri e semplici ci dicono molto: "ha una casa a Cortina", esclusivo luogo di villeggiatura ci informa che stiamo parlando di persona probabilmente ricca e mondana; "va in vacanza a Rimini", ci rimanda a spiagge affollate e molto turistiche. Con "le decisioni di Roma", non indichiamo la città bensì le stanze del potere politico e burocratico che a Roma hanno sede nei vari Ministeri; "quelli di Salò" non si riferisce agli abitanti di questa tranquilla cit tadina sul Lago di Garda ma – ancora oggi – a quanti aderirono nell'ultimo periodo della seconda guerra mondiale alla "Repubblica di Salò", ultimo baluardo del potere fascista. E ancora diciamo "è stata una Caporetto" per indicare una disfatta, in memoria della disastrosa sconfitta che l'esercito italiano subì vicino a questa piccola città del Veneto più di 80 anni fa.

Anche all'interno delle città si possono ricavare indicazioni "culturali", con diffusione magari più limitata, dai nomi di quartieri, strade, piazze. A Roma, via Veneto, eternata da Fellini come il fulcro della "dolce vita", ha ancora questo ruolo, se non nella realtà, nel nostro immaginario che così l'ha conservata. Un "pariolino", dal quartiere romano dei Parioli, è considerato un giovane snob e politicamente di destra, chi abita al Testaccio, invece, è "un romano de Roma", cioè schietto e immediato, almeno secondo il cliché popolare. È ovvio che questi, come altri, di cliché non sono "veri" in senso letterale o almeno non sono più veri giacché le motivazioni dietro la formazione e cristallizzazione degli stereotipi, se pure sono mai esistite, affondano nella notte dei tempi e solo le tendenze fortemente conservatrici della lingua li mantengono in vita al di là di ogni evidenza di cambiamento. Tuttavia

rimane il fatto che sono reali e comprensibili comunicazioni delle intenzioni del parlante. In un paese come il nostro, che è stato unificato relativamente di recente e la cui storia frammentata si è svolta in buona parte all'ombra di diversi "campanili", non stupisce che molti di questi pregiudizi abbiano carattere regionale o addirittura cittadino: "torinesi falsi e cortesi", "maledetti toscani" per la loro intelligente perfidia, "meglio un morto in casa che un pisano all'uscio"; "non fare il genovese" vuol dire, chissà perché, "non essere avaro", "mio marito è proprio un siciliano" non ci informa sulle origini geografiche dell'uomo ma sulla sua possessiva gelosia.

Così come all'estero gli italiani vengono (venivano?) chiamati con disprezzo "macaroni" per le loro abitudini alimentari (ma in italiano si dice "maccheroni' e non è che ne mangiamo poi tanti), anche all'interno del paese e sempre con intento dispregiativo sono detti "mangiapolenta" o "polentoni" gli abitanti delle regioni del Nord dove si mangiava molto (oggi meno) questo piatto povero – del resto buonissimo – fatto con la farina gialla di granturco e sconosciuto nel centro-meridione. Di rimando, i settentrionali chiamano quelli del Sud "terroni" ("terùn" in dialetto) che vuole dire "lavoratori della terra, contadini".

1.1

Che forma particolare ha l'Italia?

| scarpa | pantofola | stivale |

Con quale di questi termini viene chiamata spesso l'Italia?

....

1.2

Quale di queste immagini rappresenta l'Italia?

....

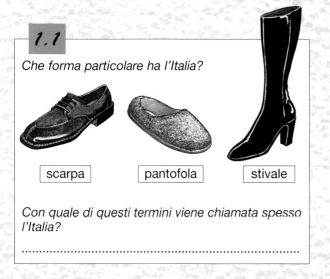

1

2

3

1.3

In quale ordine sono sempre citati i colori della bandiera italiana?

....
....
....

Con quale altro termine è chiamata la bandiera italiana?

- ☐ il bicolore
- ☐ il tripartito
- ☐ il tricolore
- ☐ il trifoglio

Formaggi d'Italia

Flagelli d'Italia

Fornelli d'Italia

1.4

I titoli di giornale a fianco sono deformazioni scherzose del titolo dell'inno nazionale italiano.
Qual è invece il titolo vero?

....

L'inno nazionale è chiamato anche con il nome del suo autore. *Qual è?*

☐ Garibaldi   ☐ Mameli   ☐ Manzoni   ☐ Mazzini

L'inno di ....

Esercizio 2. LA GEOGRAFIA

2.1

Già nel Trecento, la posizione geografica dell'Italia è stata definita dal poeta Francesco Petrarca, nel *Canzoniere*, con questi versi:

... il bel paese
che Appenin parte, 'l mar circonda e l'Alpe...

Con quale espressione che trovate in questi versi è spesso chiamata l'Italia?

....

Come si chiamano, in lingua più moderna, le due grandi catene montuose italiane che sono citate qui?

....

....

Tra i mari elencati qui sotto quale non bagna l'Italia?

☐ il Mar Ligure   ☐ il Mar Adriatico
☐ il Mar Egeo   ☐ il Mar Ionio
☐ il Mar Tirreno

Tutti questi mari fanno parte di un mare più grande. *Qual è?*

....

2.2

Quale dei seguenti paesi europei non confina con l'Italia?

☐ l'Austria
☐ la Germania
☐ la Slovenia
☐ la Francia
☐ la Svizzera

2.3

Se vogliamo indicare
"tutta una giornata" diciamo "dalla mattina alla sera".

Se vogliamo indicare
"tutta una pagina" diciamo "dall'inizio alla fine".

Che cosa diciamo per indicare "tutta l'Italia" (da Nord a Sud)?

....

Con quale definizione geografica chiamiamo a volte l'Italia?

☐ l'altipiano   ☐ l'isola
☐ la penisola   ☐ la vallata

2.4

All'interno dei confini italiani si trovano due stati indipendenti (1 e 2). Uno di questi è addirittura dentro la città di Roma (2). *Quali sono?*

1. ....

2. ....

Chi è il capo di Stato del 2?

....

Quanti milioni di abitanti ha oggi l'Italia?

☐ circa 40   ☐ circa 60   ☐ circa 80

Esercizio 3. LE ISTITUZIONI

3.1

Come si chiama il periodo storico che ricopre più o meno l'Ottocento e si conclude con l'unificazione e l'indipendenza dell'Italia?

☐ il Risorgimento ☐ il Rinascimento ☐ la Resistenza

In quale anno l'Italia è diventata uno stato unito e indipendente?

....

Qual è l'eroe nazionale di questo periodo di cui non si deve mai parlare male?

....

Un gioco infantile consiste nel canticchiare la seguente filastrocca usando di volta in volta una sola vocale (a/e/i/o/u) al posto di tutte le altre. Provate a farlo usando sempre la *a* per tutto il testo, poi, se volete, continuate.

Garibaldi fu ferito ....

fu ferito ad una gamba ....

Garibaldi che comanda ....

che comanda i suoi soldà ....

3.2

Dopo la seconda guerra mondiale, in quale anno l'Italia è diventata una repubblica? ....

Quale delle frasi che seguono è l'inizio della Costituzione italiana?

1. S'è fatta l'Italia ma non si fanno gli italiani
2. Viva l'Italia, l'Italia che lavora
3. Italia mia, benché il parlar sia indarno
4. L'Italia è una repubblica democratica fondata sul lavoro
5. Ahi, serva Italia, di dolore ostello
6. Italia sì, Italia no, la terra dei cachi.

3.3

Leggete il piccolo testo che segue.

L'Italia è una repubblica parlamentare. Il Parlamento è composto da due camere di pari importanza: la Camera dei deputati e la Camera dei senatori. I rappresentanti delle due camere sono eletti dal popolo tramite le elezioni politiche, ma alcuni senatori sono nominati direttamente dal presidente. Il Parlamento discute e approva le leggi proposte dall'esecutivo e dibatte tutti i problemi di interesse nazionale. Tra i partiti rappresentati oggi in Parlamento, alcuni vengono nominati sempre con i loro nomi, "Forza Italia", "Rinnovamento Italiano" ma il "Partito della Rifondazione Comunista" è abitualmente ricordato con "Rifondazione" e l'"MS Fiamma Tricolore" con "la Fiamma" e basta. Altri si chiamano o con il nome: "Alleanza Nazionale" o con la sigla: "aenne", altri ancora quasi sempre con la sigla: DS o "diesse" (per "Democratici di Sinistra", CCD o "cicidì" (per "Centro Cristiano Democratico" che non si usa mai).

Come chiamiamo di solito la Camera dei Deputati? ....

Come chiamiamo di solito la Camera dei Senatori? ....

Con quale appellativo ci rivolgiamo a un deputato?

Con quale altro nome, ricavato dal suo simbolo, vengono molto spesso chiamati i DS? ....

Esercizio 4. LE REGIONI

4.1

L'Italia è suddivisa in regioni. Quante sono?

....

Per ciascun numero indicato sulla cartina, dite qual è la regione corrispondente.

1. ....
2. ....
3. ....
4. ....
5. ....
6. ....
7. ....
8. ....
9. ....
10. ....
11. ....
12. ....
13. ....
14. ....
15. ....   16. ....   17. ....
18. ....   19. ....   20. ....

n quale ordine sono elencate le regioni? ....

4.2

Sotto il nome di ogni regione scrivete quello del suo capoluogo. Potete cercare i capoluoghi meno noti fra quelli disposti più sotto alla rinfusa.

1. Abruzzo

....

2. Basilicata

....

3. Calabria

....

4. Campania

....

5. Emilia Romagna

....

6. Friuli Venezia Giulia

....

7. Lazio

....

8. Liguria

....

9. Lombardia

....

10. Marche

....

11. Molise

....

12. Piemonte

....

13. Puglia

....

14. Sardegna

....

15. Sicilia

....

16. Toscana

....

17. Trentino Alto Adige

....

18. Umbria

....

19. Valle d'Aosta

....

20. Veneto

....

Roma • Firenze • Napoli • Trieste • Bari • Potenza • L'Aquila • Trento
Palermo • Bologna • Ancona • Reggio Calabria • Perugia • Aosta
Cagliari • Venezia • Torino • Milano • Genova • Campobasso

In quale ordine sono elencate ora le regioni? ....

4.3

Ecco qualche domanda curiosa sulle regioni.

Quale regione ha forma di triangolo? ....

Quale regione è la punta dello Stivale? ....

Quale regione è il tacco dello Stivale? ....

Quale è la regione italiana più piccola? ....

Quale è la regione più grande? ....

Quale regione centrale, lontana dal mare, è detta "il cuore verde"?

....

Quali regioni compongono il cosiddetto "triangolo industriale"?

....

4.4

La frammentata storia italiana ha favorito la suddivisione in regioni che hanno spesso caratteristiche particolari e storia e tradizioni proprie. Usate gli indizi offerti nei riquadri che seguono per stabilire di quale regione italiana stiamo parlando.

1.
- è attraversata dal Po
- deve il suo nome alle alte montagne che la circondano
- ci si mangia la "bagna cauda", la fonduta e il tartufo
- produce molte automobili

....

2.
- tra le sue canzoni più popolari c'è *La montanara*
- in molte sue zone si parla tedesco
- ci sono le Dolomiti
- ci si va volentieri in vacanza sia d'estate che d'inverno

....

3.
- ospita i trulli
- un suo piatto famoso sono le orecchiette
- da qui partono i traghetti per la Grecia
- ha molta architettura barocca

....

4.
- è piena di nuraghi
- produce il formaggio pecorino
- la Costa Smeralda prende il nome dal colore del suo mare
- è collegata con il "continente" per mezzo di traghetti e aerei

....

5.
- sono indimenticabili i suoi templi greci
- è dominata dall'Etna
- una sua specialità è la pasta di mandorle o marzapane
- è separata dalla terraferma da uno stretto

....

Esercizio 5. LE CITTÀ

5.1

Quale città è la capitale dell'Italia? Per saperlo risolvete questi anagrammi.

AMOR? RAMO? OMAR? MORA? ....

Quale delle seguenti espressioni abituali **non** *si riferisce a Roma?*

☐ Caput mundi   ☐ l'Urbe

☐ la città eterna   ☐ la città dei sette colli

☐ la città dei fiori   ☐ la Capitale

Quale dei seguenti simboli indica Roma?

il leone	la lupa	il giglio	il toro

A quale leggenda è riferito questo simbolo?

☐ il lupo di Gubbio   ☐ il lupo e l'agnello   ☐ Romolo e Remo

☐ le oche del Campidoglio   ☐ la madre dei Gracchi

5.2

Quale grande città italiana è chiamata "la capitale morale"? Risolvete gli anagrammi.

NOLAMI? LAMINO? MINOLA? ....

Perché viene chiamata così?

☐ perché ha una moralità molto elevata   ☐ perché è una città industriale e molto produttiva

☐ perché si trova al Nord   ☐ perché è stata capitale d'Italia nel passato

Leggete il ritornello di questa notissima canzonetta in dialetto milanese senza preoccuparvi di comprendere tutte le parole.

O mia bela Madonina
che te brilet de lontan
tutta d'ora e piscinina
ti te dominet Milan.

Quale statua cittadina è considerata il simbolo di Milano?

....

Che cosa vuol dire la parola "Madonina"?

....

Da quale monumento la Madonina domina Milano?

....

5.3

Riempite con nomi di città italiane gli spazi vuoti in questi noti proverbi.

.... non fu fatta in un giorno.

Tutte le strade portano a ....

Vedi .... e poi muori.

5.5

In Italia ci sono molte altre città di media grandezza e con caratteristiche interessanti. Attraverso gli indizi che vi diamo per ciascuna, riconoscete la città di cui stiamo parlando.

1. • le sue strade si chiamano "calli"
   • le sue piazze si chiamano "campi"
   • ogni due anni ospita la Biennale d'Arte
   • un tempo vi comandava il Doge

   ....

2. • sta nel titolo di un grande romanzo francese
   • ha dato il nome a un formaggio indispensabile nella nostra cucina
   • produce un buon prosciutto
   • il suo famoso teatro d'opera si chiama "Regio"

   ....

3. • ci scorre in mezzo l'"Arno d'argento"
   • è la città del "sommo poeta"
   • agli Uffizi si trovano quadri stupendi
   • ha dato il nome a una bistecca

   ....

4. • il suo patrono è San Petronio
   • per la sua antica Università, è chiamata "la Dotta"
   • per la sua ottima cucina è chiamata "la Grassa"
   • ha due Torri famose

   ....

5. • è la patria del Panforte
   • è divisa in contrade
   • ci si disputa il Palio
   • la sua piazza più famosa si chiama Piazza del Campo

   ....

6. • ha dato il nome a una sfumatura di rosso
   • sta sotto il Vesuvio
   • un romanzo inglese dell'Ottocento parla dei suoi "ultimi giorni"
   • è protetta da una Madonna molto famosa

   ....

5.4

Riordinate in ordine di grandezza – secondo il numero dei loro abitanti – le seguenti città italiane.

| Genova • Napoli • Milano |
| Roma • Palermo • Torino |

1. ....
2. ....
3. ....
4. ....
5. ....
6. ....

5.6

Che cosa s'intende con "il primo cittadino" di una città?

....

cioè ....

Quale segno esteriore è prerogativa del sindaco nell'esercizio delle sue funzioni?

☐ un fiore all'occhiello
☐ una toga
☐ una fascia tricolore
☐ una feluca in testa

5.7

Fra i seguenti luoghi di vacanza, tutti molto rinomati, dividete quelli "di mare" da quelli "di montagna" e dalle "stazioni termali".

Abano • Abetone • Alassio • Capri • Cervinia • Cortina • Courmayeur • Fiuggi • Montecatini
Ortisei • Portofino • Positano • Riccione • Rimini • Salsomaggiore • Terminillo

di mare:

....

di montagna:

....

stazioni termali:

....

5.8

Collegate con frecce i seguenti luoghi italiani con i prodotti e le lavorazioni per cui vanno famosi.

Fabriano	vetri
Murano	merletti
Burano	confetti
Sorrento	panforte
Sulmona	ceramiche
Vietri	paglia
Siena	carta
Firenze	corallo

6.1

In Italia, soprattutto i mass media hanno l'abitudine di nominare, invece di alcune istituzioni (il Ministero degli Esteri, il Senato ecc.) i luoghi della città dove essi hanno o avevano sede. Non è facile, sentendo dire "Piazza del Gesù", capire che si sta in realtà parlando del partito politico, ora disciolto, della "Democrazia Cristiana". Provate a collegare con frecce i luoghi elencati nella colonna A con le istituzioni che vi risiedono e che trovate alla rinfusa nella colonna B.

A	B
il Campidoglio	il Ministero degli Esteri
il Quirinale	la Regione Lombardia
il Viminale	la Borsa
Palazzo Madama	il Comune di Milano
Palazzo Chigi	l'ex Partito Comunista Italiano, ora DS
Montecitorio	la Presidenza della Repubblica
Palazzo Marino	il Ministero dell'Interno
Piazza Affari	il Comune di Roma
la Farnesina	il Senato
Palazzo Vecchio	la Camera dei Deputati
le Botteghe Oscure	il Comune di Firenze
il Pirellone	la Presidenza del Consiglio

Quale delle istituzioni italiane appena elencate intendiamo quando parliamo del "Colle"?

....

Che cosa intendiamo con l'espressione "il Palazzo"?

....

6.2

Ci sono, in Italia, alcuni luoghi geografici che esistono veramente ma che noi nominiamo intendendo altra cosa. Stabilite che cosa vogliamo dire quando usiamo le espressioni che seguono.

1. passare il *Rubicone*
   (piccolo fiume nell'Emilia-Romagna)

   ....

2. risciacquare i panni in *Arno*
   (fiume che attraversa Firenze)

   ....

3. andare a *Canossa*
   (paese dell'alto Lazio)

   ....

4. ritirarsi sull'*Aventino*
   (quartiere di Roma)

   ....

5. trovarsi a *Canicattì*
   (cittadina della Sicilia)

   ....

6. essere una *Caporetto*
   (cittadina del Veneto)

   ....

Ci sono luoghi meravigliosi di origine letteraria che non esistono nella realtà ma di cui tutti usiamo il nome e conosciamo il significato. Se volete, prima di rispondere alle domande, leggete velocemente, senza preoccuparvi di capire tutte le parole che sono spesso arcaiche o poetiche, i brani che seguono, tratti da:

1. la *Bibbia*, *Genesi*, 2,2
2. il *Decameron* di Giovanni Boccaccio, 1350, 8, III
3. *Il piacevole viaggio di Cuccagna*, 1588
4. *Le avventure di Pinocchio* di Carlo Collodi, 1883.

1. **L'Eden, il Paradiso terrestre**
   E il Signore Dio fece spuntare dal suolo ogni sorta di alberi belli a vedersi, dai frutti soavi al gusto, e l'albero della vita, in mezzo al paradiso e l'albero della scienza del bene e del male. E da questo luogo di delizie usciva, ad irrigare il paradiso, un fiume…

   Che cosa vuol dire "è un Eden"? "è un Paradiso Terrestre"?

   ....

2. **Il Paese di Bengodi**
   …in una contrada che si chiamava Bengodi, nella quale si legano le vigne con le salsicce, e avevavisi un'oca a denaio e un papero giunta, ed eravi una montagna tutta di formaggio grattugiato, sopra la quale stavan genti che niuna altra cosa facevan che far maccheroni e raviuoli e cuocergli in un brodo di capponi, e poi gli gittavan quindi giù, e chi più ne pigliava più se n'aveva: e ivi presso correva un fiumicel di vernaccia, della migliore che mai si bevve, senza avervi dentro gocciol d'acqua.

   Che cosa vuol dire l'espressione : "è il Paese di Bengodi"?

   ....

3. **Il Paese di Cuccagna**
   Venite spensierati compagnoni voi che avete sì in odio il lavorare amici delli grassi e buon bocconi nemici del disagio e dello stentare: omini di gran cor, non già poltroni come gli avari vi voglion chiamare, venite tutti, che andiamo in Cuccagna là dove chi più dorme più guadagna.

   Che cosa vuol dire l'espressione "è una cuccagna"?

   ....

   Che cosa vuol dire "è finita la cuccagna"?

   ....

4. **Il Paese dei Balocchi**
   Lucignolo: "Lì non vi sono scuole: lì non vi sono maestri: lì non vi sono libri. In quel paese benedetto non si studia mai. Il giovedì non si fa scuola: e ogni settimana è composta di sei giovedì e di una domenica. Figurati che le vacanze dell'autunno cominciano col primo di gennaio e finiscono coll'ultimo di dicembre. Ecco un paese come piace veramente a me! Ecco come dovrebbero essere tutti i paesi civili!"
   Pinocchio: "Ma come si passano le giornate nel Paese dei Balocchi?"
   Lucignolo: "Si passano baloccandosi e divertendosi dalla mattina alla sera."

   Che cosa vuol dire l'espressione "il Paese dei Balocchi"?

   ....

Esercizio 7.

7.1

Che cos'è la R.A.I.?

....

Che cos'è l'Alitalia?

....

Come si chiama ancora la moneta italiana in attesa dell'euro?

☐ la lira   ☐ il fiorino

☐ il franco   ☐ lo scellino

Esercizio 8. L'ARTE

8.1

L'Italia è "la culla dell'arte" – si dice qualche volta – per i suoi celebri monumenti, chiese, fontane, giardini, fori, necropoli, palazzi e pinacoteche. Non solo città e cittadine ma anche borghi sperduti recano tracce di un passato importante che va dall'età antica (etrusca e poi romana e della Magna Grecia), attraverso il grande rinascimento e il barocco fino all'età moderna. Così ricco e imponente è il nostro patrimonio artistico che non si contano le opere di pregio sparse in tutta la penisola che l'Unesco ha dichiarato di interesse culturale per il mondo intero e posto sotto il suo patrocinio. Noi, i nostri monumenti li visitiamo forse poco e non sempre li conserviamo bene ma li riteniamo una parte gradevole della nostra vita e per ringraziare qualcuno che ha fatto per noi opera gradita gli diciamo: "ti meriti un monumento", "bisognerebbe farti un monumento". Li chiamiamo, i nostri monumenti, con nomi affettuosi o solo fintamente spregiativi: il Cupolone, che poi a Roma è la Cupola di San Pietro e a Firenze invece quella di Santa Maria del Fiore, il Fontanone (a Roma, quello del Gianicolo), il Torrino, la Barcaccia, le colonnacce, il Palazzaccio. Il Vittoriano, a Roma in Piazza Venezia, che non a tutti piace, lo additiamo come "la macchina da scrivere", e infatti a una macchina da scrivere assomiglia abbastanza, con la scalinata al posto della tastiera. Qualcuno di questi monumenti lo citiamo metaforicamente, usiamo cioè il suo nome per dire altro: "il pozzo di San Patrizio" si trova a Orvieto ed è profondissimo, quindi se diciamo: "la tua borsa è un pozzo di San Patrizio" vogliamo dire che è "inesauribile, ci si può trovare dentro di tutto". Siccome la costruzione della chiesa di San Pietro durò tanto a lungo, tra mille difficoltà, abbiamo creato l'espressione "sembra la fabbrica di San Pietro" per indicare "cosa che non giunge mai a termine". Si dice che è "la bocca della verità" di persona assolutamente sincera; il riferimento è all'omonimo mascherone (sito a Roma) di cui si racconta che se qualcuno vi infilasse la mano nella bocca dicendo menzogne, la vedrebbe troncata di netto. Di qualche personaggio immortalato in quadri e sculture abbiamo davanti agli occhi l'immagine così chiara e presente che ne riconosciamo immediatamente le riproduzioni e non ci stupisce ritrovarli un po' dappertutto, magari, scherzosamente deformati, nella pubblicità, per promuovere le vendite di oggetti qualsivoglia, contando sull'associazione automatica tra qualcosa che conosciamo bene e che amiamo e l'oggetto che dovremmo desiderare abbastanza per acquistarlo.

Roma. Bocca della verità

Da queste sintetiche descrizioni, provate a riconoscere alcuni fra i personaggi più noti della pittura e scultura italiana.

1. **Chi** cammina a piedi nudi su di un prato, ha un lungo vestito a fiori e una coroncina di fiori in testa?

   ....

2. **Chi** ha i capelli neri lisci sulle spalle, il viso rotondo e un ambiguo sorriso?

   ....

3. **Chi** è giovane, bello, nudo, con lo sguardo fiero e tiene in mano una fionda per lanciare pietre?

   ....

4. **Chi** è anche lei nuda, ha i capelli biondi lunghissimi, e appoggia i piedi su una grande conchiglia?

   ....

5. **Chi** sta seduto maestosamente, con indosso un'ampia tunica, ha delle tavole di pietra in mano e due corna sulla fronte?

   ....

6. **Chi** è giovane, paffuto, ha in testa tralci di vite e grappoli d'uva e in mano una coppa di vino?

   ....

7. **Chi** sta semi-sdraiata su di un divanetto, col seno scoperto e l'atteggiamento languido e tiene in mano il pomo della vittoria?

   ....

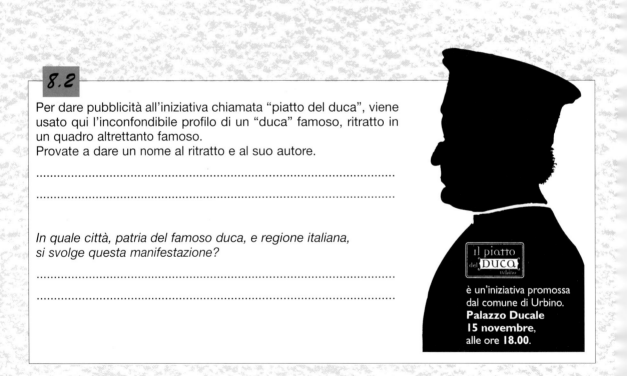

8.2

Per dare pubblicità all'iniziativa chiamata "piatto del duca", viene usato qui l'inconfondibile profilo di un "duca" famoso, ritratto in un quadro altrettanto famoso.
Provate a dare un nome al ritratto e al suo autore.

....

....

In quale città, patria del famoso duca, e regione italiana,
si svolge questa manifestazione?

....

....

il piatto
del DUCA
urbino

è un'iniziativa promossa
dal comune di Urbino.
**Palazzo Ducale
15 novembre,
alle ore 18.00.**

Esercizio 9. LA TORRE DI PISA

9.1

Almeno uno dei nostri monumenti è diventato protagonista di una canzonetta degli anni quaranta. Leggete le parole del ritornello e dite 1. di quale monumento si tratta, 2. in quale città e regione si trova, 3. di quale sua caratteristica si parla sempre. Inoltre, 4. fra le tre torri che trovate qui sotto, identificate il monumento di cui stiamo parlando.

Se vuoi venir con me Maria Luisa
la guarderai e poi esclamerai
"Mamma mia, che effetto mi fa!"
Evviva la Torre di Pisa
che pende, che pende
e che mai non va giù!

1. ....

2. ....

3. ....

4. ....

a.

b.   c.

9.2

Leggete ora questo breve brano tratto da "Riflessi", mensile delle Ferrovie dello Stato del marzo 1998, e rispondete poi alle domande:

La Torre di Pisa: in bilico verso il futuro

Iniziata nel 1174 da Bonanno Pisano, sotto il regno di Guglielmo II il Buono e nel periodo delle incursioni di Federico I il Barbarossa, la Torre insieme alla Cattedrale e al Battistero compone il celebre Campo dei Miracoli. Appena ultimato il primo piano, i lavori furono interrotti poiché il terreno dava già segni di cedimento. Per compensare l'inclinazione dell'edificio raddrizzando i piani successivi, furono escogitate ingegnose soluzioni, come quella di costruire piani asimmetrici, più alti da una parte e più bassi dall'altra, così da spostare il baricentro dei carichi verso l'interno. La Torre venne completata solo nel 1350, dopo che lo stesso Giotto vi aveva lavorato, misurando un'altezza definitiva di 56 metri, 44 in meno di quanto fosse inizialmente stabilito.

1. *Da quali celebri monumenti è composto il Campo dei Miracoli?*

....

2. *Perché la Torre di Pisa è inclinata?*

....

3. *In quale anno è stata completata la Torre di Pisa?*

....

4. *Quanti metri è alta la Torre?*

....

5. *Quale grandissimo artista dell'epoca ha lavorato alla sua costruzione?*

....

Esercizio 10. LA FONTANA DI TREVI

10.1

Leggete questo articoletto adattato dall'"Unità" del 20/9/97.

L'INTERVISTA

Il regista Magni: «L'ho fatto anch'io»

«Prendere i soldi dalla Fontana di Trevi? Da ragazzini lo abbiamo fatto tutti. Chi nega è un bugiardo». Sorride, ripensando a quei tempi, il regista Luigi Magni, classe 1928, romano verace, cresciuto tra i rumorosi adolescenti che aspettavano le monetine dei turisti per tuffarsi a ripescarle. «Per noi era uno scherzo, quel luccichìo a pelo d'acqua rappresentava una tentazione troppo forte. È uno "sport" che chi è romano conosce bene. Certo, durante la guerra non si trovava più nulla, poi, con il ritorno dei turisti, ricominciò anche la tradizione del *Tre soldi nella fontana*!». L'allusione è al film di Jean Negulesco del '54, dove tre giovani americane, a Roma, si riunivano ai loro innamorati proprio davanti alla fontana di Trevi.

In che città si trova la Fontana di Trevi? ....

Chi getta le monete nella fontana? ....

Perché si gettano le monete nella fontana? ....

Chi racconta di essersi tuffato, da bambino, a prenderle? ....

Di quale guerra parla il regista Luigi Magni? ....

Quale film è citato in questo breve articolo? ....

Di che regista e anno è questo film? ....

10.2

Nel film *Totò truffa 62*, Totò incontra un turista straniero davanti alla fontana di Trevi. Che cosa gli propone di fare? Prima di scegliere la risposta, osservate bene il titolo del film.

☐ di fare un bagno nella fontana
☐ di distruggere la fontana
☐ di comperare da lui la fontana a caro prezzo
☐ di fare annegare la moglie nella fontana

10.3

In quale film italiano ultra-famoso qualcuno fa il bagno nella Fontana di Trevi?

....

11.1

Tutti i ritagli di giornale che formano questo collage sono tratti da "La Repubblica" del 20/8/97 e si riferiscono a un episodio di cronaca avvenuto il giorno prima e che ha destato un certo scalpore. Leggendo solo i titoli di questi ritagli, cercate di ricostruire il fatto.

Roma, tre balordi in piazza Navona sfigurano il monumento tra centinaia di turisti. Arrestati dalla polizia

Mutilata dai vandali la fontana del Bernini

Un turista aiuta a recuperare i frammenti della fontana del Bernini mutilata

L'allarme è stato dato dai turisti stranieri. Veltroni: "Siamo disarmati contro questi teppisti"

ROMA — Hanno mutilato la fontana dei Fiumi del Bernini, in piazza Navona, davanti ai turisti stranieri disgustati. Una coppia di americani ha dato l'allarme e un ragazzo irlandese ha recuperato i pezzi del drago. I vandali sono tre romani, già arrestati. Saranno processati oggi.

LA FONTANA

EDIFICATA DAL **BERNINI** NEL **1651**, OGNI STATUA RAPPRESENTA UN FIUME:

- **NILO**
- **GANGE**
- **DANUBIO**
- **RIO DELLA PLATA**

I NUOVI IDIOTI

Roma. Fontane off-limits. Scatta oggi l'ordinanza del sindaco

E la multa sale a un milione

ROMA — Il Comune di Roma, dopo l'ultimo atto di vandalismo ai danni del patrimonio artistico, ha deciso di rendere più salata la sanzione per chi si fa il bagno nelle fontane monumentali. Attualmente la multa è di 150 mila lire; da oggi, secondo quanto disposto da un'ordinanza del sindaco in attesa della delibera della giunta comunale, l'ammontare della contravvenzione verrà elevato alla cifra di un milione. Negli ultimi mesi — afferma una nota del Campidoglio — nelle fontane adiacenti al Vittoriano, sono stati effettuati da parte dei Vigili urbani del pronto intervento-centro storico, alle dirette dipendenze del sindaco, oltre 250 controlli ai turisti che si facevano il bagno.

La Fontana dei Quattro Fiumi mutilata ripropone il problema dei "tesori d'arte a cielo aperto"

Lo scempio di piazza Navona

Polemiche sulla sorveglianza.   piazza Navona l'arte violata

IL DANNO

LA CODA DEL DRAGO SOTTO LA STATUA DEL DANUBIO E' STATA ROTTA IN 3 PARTI DI **50**, **30** E **10** CM

Indignazione in città, reazioni in tutto il mondo per la bravata dei tre vandali

"Disarmati contro i teppisti ma l'arte non finirà sotto vetro"

Dopo l'amputazione della coda del drago, polemiche sulla protezione dei tesori artistici "a cielo aperto"

In quale città si è svolto questo fatto? ....

In quale piazza? ....

Che tipo di monumento è stato danneggiato? ....

Come si chiama questo monumento? ....

Chi ha costruito questa fontana? ....

Quando fu costruita? ....

Perché la fontana si chiama in questo modo?

....

Quali sono i fiumi rappresentati?

....

Quale danno è stato procurato? ....

Quante persone hanno mutilato la fontana? ....

Con quali termini spregiativi sono chiamati nel giornale questi tre uomini?

....

Quali polemiche ha suscitato l'episodio? ....

Quale è stata la reazione in città e nel mondo? ....

Che multa dovrà pagare d'ora in poi chi fa il bagno nelle fontane di Roma? ....

Esercizio 12. IL COLOSSEO

12.1

La battuta che segue è recitata dall'attore comico Totò in uno dei suoi numerosi film. Perché fa ridere?

Adesso che siamo a Milano, andiamo a vedere il Colosseo.

....

In quale circostanza, a Roma, si dice a qualcuno con tono di rimprovero:
"E che! abiti al Colosseo?"

   ☐ quando lascia tutto in disordine
   ☐ quando non chiude la porta dietro di sé entrando in una stanza
   ☐ quando non saluta gli ospiti

Dite chi viene indicato a Roma con questa espressione in dialetto romanesco:

er mejo gatto der Colosseo
(traduzione letterale: il miglior gatto del Colosseo)

   ☐ il più bel gatto fra quelli che vivono al Colosseo
   ☐ la persona che fa la migliore figura in una determinata situazione
   ☐ il più elegante fra i visitatori del Colosseo

Esercizio 13.

13.1

Leggete questo breve articolo tratto da "Il Messaggero" del 24/8/97 e rispondete alle domande.

Il Tar boccia la richiesta del Comune di cambiare nome al Lungotevere
Ma Fellini non vale Michelangelo

ROMA - Lungotevere Michelangelo non verrà intitolato a Fellini, come il Comune tenta di fare dal 1995. Il Tar del Lazio ha infatti respinto il ricorso del Campidoglio contro il rifiuto della Soprintendenza a cambiare targa al tratto di strada tra Ponte Matteotti e Ponte Regina Margherita. Ha invece riconosciuto validi i motivi opposti già due anni fa alla proposta comunale. Anche per i giudici amministrativi, «è inopportuno sostituire il nome di Michelangelo con quello di Fellini, visto il prestigio ed il rilievo della figura artistica del Buonarroti».

Che cosa è un Lungotevere?

☐ un fiume   ☐ una strada   ☐ un cinema   ☐ un ponte

Lungo quale fiume si trovano i Lungotevere? ....

In quale città? ....

Di quale Lungotevere stiamo parlando? ....

Tra quali due ponti si trova? ....

Chi vuole cambiare nome al Lungotevere Michelangelo? ....

Con quale altro termine è chiamato qui il Comune di Roma? ....

Perché è chiamato così? ....

Con quale altro nome si vuole sostituire quello di Michelangelo? ....

Chi è Michelangelo? ....

In quale altro modo è chiamato qui Michelangelo? ....

Perché è chiamato così? ....

Chi è Fellini? ....

Che cos'è il Tar? ....

Perché il Tar non vuole cambiare questo nome? ....

Quale è la vostra preferenza fra questi due nomi? ....

Per quale motivo? ....

Secondo voi, il famoso ritratto accanto al testo, è di Fellini o di Michelangelo? ....

14.1

Di Ambrogio o Ambrogiotto di Bondone, detto Giotto, che con la sua pittura fu fra gli iniziatori del Rinascimento, oltre alle grandi opere, rimane nella lingua l'espressione "l'O di Giotto", una O perfetta che l'artista riusciva a disegnare usando il suo stesso gomito come compasso. Si racconta inoltre che, avendo il maestro di Giotto, Cimabue, osservato i suoi incredibili progressi, affermasse: "L'allievo ha superato il maestro". E anche questa frase noi la usiamo ancora.

Dal nome di altri grandi abbiamo derivato aggettivi e diciamo "michelangiolesco" per indicare qualcosa di "possente nell'idea e nella realizzazione", "botticelliano" per delicati profili di donna, "rosso Tiziano" o "tizianesco" per una sfumatura di rosso dei capelli. A qualcuno di questi artisti dedichiamo oggi le nostre banconote.

Nel mese di settembre 1997, la Banca d' Italia ha messo in circolazione per la prima volta banconote da 500.000 Lire.

L'avvenimento è stato persino annunciato da uno spot in tv. Come spiega didascalicamente la pubblicità televisiva, la nuova banconota è un omaggio a "Raffaello Sanzio, pittore" e ha pregevoli qualità estetiche. L'elemento più affascinante è il doppio effetto di colore sulla cifra 500.000 che varia dal verde al blu a seconda dell'orientazione.

A quale altro grande pittore italiano è dedicata la banconota da 100.000? Potete forse riconoscere il ritratto o leggerne il nome in basso a destra o indovinare fra i tre nomi che vi proponiamo.

- ☐ il Beato Angelico
- ☐ il Carpaccio
- ☐ il Caravaggio

SCHERZA COI FANTI

SCHERZA COI FANTI

uante tracce sulla lingua avrà lasciato la nostra tradizione religiosa? Subito ci vengono alla mente dalla Bibbia "il costume adamitico" (dal padre Adamo, che andava nudo), "la pazienza di Giobbe", "le geremiadi", (le lamentazioni, appunto, del profeta Geremia), la veneranda età di "Matusalemme" che, abbreviato a volte in "matusa", indica persone molto avanti negli anni, "il diluvio universale", "il paradiso terrestre". Il gruppo torinese di impegno sociale chiamato "Abele" ci rimanda automaticamente a immagini di pacifismo e ci è altrettanto chiaro il nome dell'associazione "Non toccate Caino" (il fratello cattivo), che si batte per l'abolizione della pena di morte.

Non meno numerose e frequenti nell'uso sono le acquisizioni dal Nuovo Testamento: "la pecorella smarrita", "il figliol prodigo", "date a Cesare quel che è di Cesare", "la carne è debole" in contrapposizione con lo spirito che è forte, sono espressioni correnti che abbiamo preso dalla predicazione e dalla passione di Cristo, così come "è un Calvario", "sembrava un ecce homo", "lavarsene le mani" per "disinteressarsi di qualcosa", "andare da Ponzio a Pilato" per i logoranti giri burocratici dall'uno all'altro ufficio in cerca di informazioni negate.

Dalla nostra pratica della religione abbiamo tratto "da che pulpito viene la predica", "predica bene e razzola male", "la messa è finita" (che è diventato il titolo di un film di Nanni Moretti), e dalla vita conventuale "quel che passa il convento", "un abito monacale" (semplicissimo), "un lavoro certosino" (di grande pazienza) ecc. Anche Dio lo nominiamo in "ogni ben di Dio" (grande abbondanza di cibo e altro), "l'ira di Dio" (fortissima),

"stare da Dio" (cioè molto bene), ma le figure della religione che hanno maggiore cittadinanza fra gli italiani sono Santi. I Santi sono buoni, hanno misura umana, non puniscono, anzi intercedono per noi ("San Gennaro, facci 'a grazia!") e dopo, "per grazia ricevuta", li ricompensiamo con poco, – qualche novena, un cero (una grossa candela), al massimo un ex voto, del resto oggi in disuso –, e quando sbagliano e danno troppo (gli si chiede la pioggia e loro mandano un temporale) li possiamo anche rimproverare "troppa grazia, Sant'Antonio!". In un momento di difficoltà, solo chi è preso da disperazione "non sa più a che santo votarsi" ma in genere esprimiamo nostro ottimismo con "qualche santo aiuterà!".

Con nomi di Santi chiamiamo la grande maggioranza delle molte nostre chiese basiliche, cattedrali (San Pietro, San Giovanni, San Fulgenzio) ma anche strade, piazze, quartieri, cittadine (San Remo, San Fruttuoso, Santa Marinella), ospedali, carceri, teatri, scuole, banche (il San Paolo), persino una stagione: l'estate di San Martino (in novembre) a ricordo di quando l'omonimo Santo divise il suo mantello con il povero. Il San Daniele è un prosciutto, il Sangiovese è un vino e il sampietrino è un cubetto di pietra usato a Roma per la pavimentazione di piazza San Pietro e di altre strade. Del resto sempre da San Pietro, che in gioventù faceva il pescatore, abbiamo anche il sampietro, un tipo di pesce.

Ogni giorno dell'anno – vedi un calendario – è dedicato a un Santo o una Santa. Qualche volta il bambino appena nato riceve il nome del Santo del giorno in cui è venuto al mondo. Nel giorno dedicato al Santo di cui portiamo il nome, noi festeggiamo il nostro "onomastico" e ci aspettiamo che tutti ci facciano gli auguri (magari anche un piccolo regalo!). Ci sono santi molto noti di cui tutti conoscono il giorno della celebrazione: San Giuseppe il 19 marzo, Sant'Anna il 26 luglio, per San Pietro e San Paolo festa congiunta il 29 giugno. Di altri, conoscono il giorno anniversario solo i diretti interessati e pochi più. Ma altri giorni dedicati ai santi sono spesso ricordati a vario titolo: San Silvestro è l'ultimo dell'anno, Santo Stefano è il giorno dopo Natale (la frase "durare da Natale a Santo Stefano" vuol dire "durare molto poco"), San Benedetto ("la rondine è sul tetto") è il primo giorno di primavera. Molto citato è San Lorenzo che troviamo in letteratura ("San Lorenzo, io lo so perché tanto di stelle..." è una poesia di Giovanni Pascoli) e nel cinema (*La notte di San Lorenzo* è un film dei fratelli Taviani). Il perché della sua fama? La notte del 10 agosto cadono le stelle dal cielo, basta esprimere in quel momento un desiderio e subito si avvera.

Le città e i paesi italiani hanno per protettore un Santo: il patrono di Venezia è San Marco (vedi omonimi chiesa e leone), quello di Padova è Sant'Antonio, detto anche il Santo e basta, quello di Milano è Sant'Ambrogio. Qualche volta, soprattutto nel Meridione, si può intuire l'origine geografica, magari non immediata, di una persona dal nome del Santo patrono che porta: un Gennaro è facile che sia di Napoli, un Vito di Bari, una Rosalia di Palermo, un Oronzo di Lecce e così via.

Un'altra testimonianza dell'affettuosa disinvoltura con cui noi trattiamo i nostri santi sono le molte canzoncine popolari che parlano di loro: "la santa Caterina era figlia di un re, ehe, ehe!", "San Michele aveva un gallo, verde, rosso, bianco e giallo", "San Martino, campanaro, dormi tu? dormi tu?", "viva, viva, Sant'Antonio, lu nimico de lu dimonio!"

Il quale "dimonio" o "diavolo", l'antagonista, di volta in volta Mefistofele o Belzebù, Satana o Lucifero, è anche lui molto rappresentato nella lingua e senza troppa ostilità. "Il diavolo fa le pentole ma non i coperchi", in molte faccende "ci mette lo zampino" con pessime intenzioni, è "nero", ha "la coda e le corna" ma è anche intelligente e astuto e se di qualcuno diciamo che "ne sa una più del diavolo" gli abbiamo fatto un bel complimento. Chiamare qualcuno "povero diavolo" già comporta un po' d'affetto, dire "è un buon diavolo" è un elogio, "quel diavolo d'uomo" è segno di grande ammirazione. Anche "parli del diavolo e spuntano le corna" non è negativo, spesso "il diavolo" di cui si sta parlando e che compare all'improvviso è persona gradita. Sarà vero che "il diavolo non è poi così brutto come si dipinge"?

Esercizio 1. SAN FRANCESCO

1.1

Patrono dell'Italia intera è San Francesco d'Assisi, un Santo cantato da Dante e dipinto da Giotto e da tutti amato. Fino a non molti anni fa, il giorno di San Francesco, il 4 ottobre, era vacanza; ora andiamo a lavorare ma ricordiamo lo stesso con simpatia questo uomo gentile e lieto che aveva scelto di vivere in povertà, in pace e in comunione con la natura, che predicava agli uccelli e chiamava "fratello" il sole e "sorella" la luna, l'acqua e anche la morte, che era riuscito a conciliare il lupo con la città di Gubbio e la città di Gubbio con il lupo, storia questa che si legge nei trecenteschi *Fioretti di San Francesco* e che, in parole molto semplici, vi raccontiamo qui.

Il lupo di Gubbio. Ai tempi in cui San Francesco si trovava a Gubbio, in città arrivò un lupo, tanto feroce che la gente del luogo non usciva più di casa per la grande paura. San Francesco pensò di trovare un rimedio e un giorno andò incontro al lupo che avanzava con la testa alta, la bocca aperta e le orecchie appuntite. Il Santo gli parlò così: "Vieni qui da me, fratello! In nome di Cristo, ti ordino di non far più male a nessuno. Lo prometti a me e a tutti questi bravi cittadini?". Subito il lupo si gettò ai suoi piedi promettendo, con un cenno del capo e alzando la zampa destra che mise nella mano del Santo. Il popolo, preso da allegria e meraviglia, cominciò a lodare il Signore che aveva mandato fra loro San Francesco. D'allora in poi il lupo visse a Gubbio, senza più fare male a nessuno.

In quale città è nato San Francesco? ....

In quale città si svolge il suo incontro con il lupo? ....

In quale regione italiana si trovano queste due città? ....

Ecco ben tre film italiani che hanno per protagonista San Francesco:

Francesco giullare di Dio, di Roberto Rossellini, 1950
Francesco d'Assisi, di Liliana Cavani, 1966
Fratello sole, sorella luna, di Franco Zeffirelli, 1972

1.2

Con quale dei seguenti appellativi è conosciuto San Francesco?

☐ l'amico degli animali   ☐ il poverello d'Assisi   ☐ il pescatore di anime

Che cosa significa "avere abitudini francescane", "fare vita francescana"?

☐ essere molto religiosi   ☐ molto semplici   ☐ fuori moda

Che cosa significa nel linguaggio comune "andare con il cavallo di San Francesco"?

☐ andare a cavallo   ☐ in bicicletta   ☐ a piedi

Quale delle seguenti citazioni dalla Divina Commedia *di Dante Alighieri si riferisce a San Francesco?*

☐ nacque al mondo un sole   ☐ termine fisso d'eterno consiglio   ☐ animal grazioso e benigno

Esercizio 2. IL DIAVOLO

2.1

Nel grande libro del Cinquecento le *Vite*, di Giorgio Vasari si trovano innumerevoli aneddoti sulle vicende biografiche e sulle opere dei nostri grandi artisti rinascimentali, tra cui l'aneddoto che segue, che vi raccontiamo qui in forma estremamente semplificata. Leggetelo.

Spinello Aretino, un pittore del Trecento buono e superstizioso, da vecchio dipinse in un suo quadro il Diavolo. Lo fece tanto orribile che la notte se lo sognò vivo, con le ali che facevano un rumore come di vetro e gli occhi che mandavano fiamme. "Si può sapere, gli disse Belzebù arrabbiatissimo, perché mi hai fatto così spaventoso? Come vedi, il Diavolo è meno brutto di come si dipinge!" Il povero Spinello si svegliò da quel sogno con i goccioloni di sudore e un tremito che non lo lasciò più: due giorni dopo era morto, di paura genuina.

Osservate il nome di Spinello Aretino e dite da quale città italiana il pittore proveniva.

....

In quale regione si trova questa città?

....

Con quale nome proprio è chiamato il diavolo in questo testo?

....

La frase "Il diavolo è meno brutto di come si dipinge" è usata oggi come proverbio. Che cosa significa?

....

2.2

Leggete ora la trama del film italiano *Il piccolo diavolo* di Roberto Benigni, 1988, con Roberto Benigni (il piccolo diavolo), Walter Matthau (il prete) e Nicoletta Braschi (Nina).

Un diavoletto vive nel corpo di una parrucchiera grassa. Il prete esorcista Maurizio lo libera e gli permette di venire al mondo, naturalmente nudo. Maurizio e il diavolo abitano insieme nello stesso appartamento dove succede di tutto. Maurizio è disperato, non ne può più, ma per fortuna, alla stazione di San Remo, il piccolo diavolo incontra Nina, di cui si innamora. Lui non sa niente di sesso ma la corteggia e alla fine si trova a letto con lei. Sarà la sua fine perché Nina, che è una diavolessa in missione speciale, si impadronisce di lui e il piccolo diavolo è costretto a ritornare, saltellando, all'inferno.

Come vi sembra che il diavolo sia visto in questo film?

☐ con orrore   ☐ con disgusto
☐ con simpatia   ☐ con paura

2.3

Con quale dei seguenti appellativi nominiamo di solito il diavolo?

☐ Il Malvagio   ☐ il Cattivo   ☐ il Perfido   ☐ il Maligno

Che cosa vuol dire "abitare a casa del diavolo"?

☐ in un luogo molto rumoroso   ☐ in estrema periferia
☐ in un ambiente degradato

Che cosa vuol dire "avere un diavolo per capello"?

☐ essere molto arrabbiati   ☐ essere molto tristi
☐ avere molta paura

Nelle sue raffigurazioni tradizionali, il diavolo ha le corna e la coda. Che cosa tiene in mano?

☐ una falce   ☐ una frusta   ☐ una spada   ☐ un forcone

Esercizio 3. PASQUA E NATALE

3.1

Se in occasione del Natale volete fare a casa vostra un presepe potete utilizzare le statuine elencate qui sotto. Tuttavia fate attenzione perché c'è un elemento di troppo che dovete eliminare e uno da aggiungere perché manca.

> Gesù bambino • i pastori • San Pietro
> i Re Magi • la Madonna • il bue
> le pecore • gli angeli • San Giuseppe

da eliminare ....

da aggiungere ....

3.2

Si chiama Domenica delle Palme la domenica che precede la Pasqua.
In questa occasione, quale simbolo di pace i fedeli ricevono in chiesa e portano nelle loro case?

☐ un ramoscello di mimosa   ☐ un ramoscello d'ulivo   ☐ un rametto di vischio

3.3

Si chiama Venerdì Santo il venerdì che precede la Pasqua.
In questo giorno che ci ricorda la passione e la morte di Cristo, che cosa non si deve fare?

☐ lavorare
☐ bere alcolici
☐ mangiare carne

3.4

Si chiama Pasquetta il lunedì di Pasqua, il giorno dopo la Pasqua.
Che cosa si fa per tradizione in questo giorno?

☐ si fa una piccola gita fuori città
☐ si regala una rosa alla mamma
☐ si invita a pranzo tutta la famiglia

3.5

Leggete questo proverbio italiano e rispondete alla domanda.

> *Natale con i tuoi e Pasqua con chi vuoi*

Quale festa religiosa italiana si passa in casa con la famiglia?

....

3.6

Terminate con il nome di una occasione religiosa i seguenti paragoni fissi.

lungo come ....

felice come ....

4.1

Noi usiamo spesso i nomi dei Santi in modo ellittico, cioè menzioniamo i Santi ma in realtà parliamo di altre cose a cui loro hanno dato il nome. Dite in quale delle frasi seguenti il nome del Santo indica:

un cane (........), una chiesa (........), un festival di musica (........), una località (........),

un vino (........), un prosciutto (........), una prigione (........), una canzone (........),

un quadro (........), un teatro (........), un giorno dell'anno (........), un ospedale (........),

una comunità terapeutica (........), un quartiere cittadino (........), uno stadio (........).

1. A scuola si imparava a memoria *Davanti a San Guido*.
2. Stanno restaurando il *San Carlo*.
3. Con l'arrosto ti consiglio un *San Severo*.
4. Che cosa sai, oltre a *Santa Lucia*?
5. Passeremo le vacanze a *San Candido*.
6. Con quella fiaschetta di liquore al collo sembri un *San Bernardo*.
7. L'hanno portato al *San Camillo*.
8. Chi ha vinto a *San Remo*?
9. Non voglio mica finire a *San Vittore*.
10. Dove andate per *San Silvestro*?
11. Vorrei due etti di *San Daniele*.
12. Trovo interessante il *San Sebastiano*.
13. Domenica andiamo a *San Siro*.
14. Sembra uscito da *San Patrignano*.
15. Ho letto *Le ragazze di San Frediano*.

4.2

Parecchi Santi ci aiutano soprattutto nei campi che gli competono specificamente. Collegate con frecce i Santi della colonna A con gli interventi in cui sono specialisti (colonna B).

A	B
Santa Lucia	protegge le forze armate
San Giuseppe	aiuta nelle situazioni impossibili
Sant'Antonio	protegge la vista
San Cristoforo	protegge i falegnami
San Crispino	aiuta a ritrovare gli oggetti smarriti
Santa Barbara	protegge la musica
San Biagio	protegge gli automobilisti
Santa Cecilia	protegge la gola
San Giovanni Baylon	protegge i calzolai
Santa Rita	protegge i pasticceri

4.3

Quale è la virtù che nel linguaggio comune attribuiamo a un Santo?

☐ la fede   ☐ la carità   ☐ la pazienza   ☐ la serenità

Nella loro rappresentazione abituale, che cosa hanno in testa i Santi?

☐ un cappello   ☐ una corona d'alloro

☐ un'aureola

☐ una ghirlanda di fiori

4.4

Dite che cosa vogliono dire le espressioni che seguono:

l'acqua santa ....

il vin santo ....

l'olio santo ....

una mano santa ....

il Santo Padre ....

la Santa Sede ....

5.1

Scegliete il significato corretto per ciascuna di queste espressioni che sono entrate nell'uso attraverso la nostra tradizione religiosa.

1. c'era una gran "babele"
- ☐ una grande confusione
- ☐ una grande abbondanza
- ☐ un grande armadio

2. è stata una "manna dal cielo"
- ☐ un piatto squisito
- ☐ un grave problema
- ☐ un grande aiuto

3. abbiamo "ammazzato il vitello grasso"
- ☐ ci siamo arrabbiati
- ☐ abbiamo fatto una gran festa
- ☐ ci siamo preoccupati

4. sono come "il diavolo e l'acqua santa"
- ☐ non si vedono mai
- ☐ stanno sempre insieme
- ☐ sono diversissimi

5. avere "qualche santo in paradiso"
- ☐ avere molta fortuna
- ☐ essere molto buoni
- ☐ avere molte raccomandazioni

6. quel ragazzo è la mia "croce"
- ☐ il mio orgoglio
- ☐ la mia speranza
- ☐ il mio tormento

7. conosce la questione "come il paternostro"
- ☐ per niente
- ☐ superficialmente
- ☐ benissimo

8. crede di essere un "padreterno"
- ☐ un bravo padre di famiglia
- ☐ un uomo molto buono
- ☐ una persona eccezionale

Esercizio 6.

Tra i seguenti edifici di interesse artistico che si trovano in Italia, rintracciate quelli che non sono collegati con la religione.

> *Chiesa* di Santa Croce • *Certosa* di Parma • *Cattedrale* di Cefalù • *Cappella* dei Pazzi
> *Basilica* di Santa Maria Maggiore • *Abbazia* di Vallombrosa • *Badia* di Passignano
> *Duomo* di Orvieto • *Eremo* di Camaldoli • *Castello* Eurialo • *Monastero* di Santa Chiara
> *Fortezza* di Albornoz • *Santuario* dell'Annunziata • *Palazzo* Pitti • *Convento* dei Cappuccini

....

Esercizio 7. I PROVERBI

7.1

Collegate con frecce gli spezzoni di frase che trovate qui sotto in modo da ricostruire notissimi proverbi di argomento in qualche modo religioso.

1. La farina del diavolo	sono infinite
2. Scherza coi fanti	finiscono in gloria
3. Morto un Papa	che Dio non voglia
4. Tutti i salmi	va tutta in crusca
5. Le vie del Signore	e lascia stare i Santi
6. Non si muove foglia	se ne fa un altro

Collegate ora le seguenti parafrasi dei proverbi con i proverbi che avete ricostruito sopra.

a) non si deve prendere alla leggera le cose importanti
b) nessuno è insostituibile
c) le cose del mondo sono regolate dall'alto
d) a volontà divina si manifesta in modi diversi
e) alla fin fine, la conclusione è sempre la stessa
f) le azioni malvagie non danno buoni frutti

1. .....   2. .....   3. .....   4. .....   5. .....   6. .....

IL CACIO SUI MACCHERONI

IL CACIO SUI MACCHERONI

D a noi è ancora indice di buona educazione e di attenzione per l'altro, prima di mettersi a tavola, augurare "buon appetito". Ancora si usa anche l'espressione centro-meridionale "vuol favorire?", offerta di dividere il nostro pasto con chi ci sta vicino. L'abitudine a condividere il cibo trova ulteriore riscontro linguistico nel proverbio "chi mangia solo crepa solo", citato con un sorriso quando vediamo qualcuno mangiare una cosa buona senza l'apparente intenzione di invitarci. Le numerose varianti locali di questo proverbio – "chi non mangia (o beve) in compagnia è un ladro o una spia (oppure il diavolo se lo porta via), chi mangia solo si strozza, chi mangia e non invita possa strozzarsi a ogni mollica" – testimoniano anch'esse della nostra diffusa convivialità e della disapprovazione sociale verso chi consuma i suoi pasti in solitudine. È rimasta infatti nel nostro parlare la battuta che l'attore Amedeo Nazzari recitava in un lontano film del 1940: "chi non beve con me peste lo colga"; oggi la ripetiamo, scherzando, per convincere gli amici a prendere un bicchiere con noi.

"A tavola non s'invecchia". I dietologi hanno cambiato più volte parere sulle virtù e i pericoli della cucina mediterranea ma la saggezza di questo detto popolare non ha dubbi: mangiare bene non può fare che bene. La nostra cucina ha buona fama; tra i molti meriti che le vengono riconosciuti è quello della grande varietà dovuta anche alla diffusione su aree più vaste di molte specialità un tempo solo locali. Molti di questi piatti mantengono nomi che parlano direttamente della loro origine: "melanzane alla parmigiana", "pesto alla genovese", "risotto alla milanese" (con lo zafferano),

"caciucco livornese" (una zuppa di pesce), "saltimbocca alla romana", "cannoli siciliani" e via dicendo. Trionfale è stata l'avanzata, da Sud verso Nord, della pizza napoletana e della pasta con "la pummarola 'n coppa" (napoletano per "la pasta con su la salsa di pomodoro").

La cultura del cibo ha regole che vanno rispettate, come ci ricordano gli usi della lingua che da tradizioni e abitudini alimentari hanno tratto metafore abituali dire "è sempre la stessa minestra", anche fuori da un ambito gastronomico, suona negativo e critico e questo ci ricorda che i piatti da servire in tavola devono essere variati e preparati freschi ogni giorno giacché a nessuno piace "una minestra riscaldata". La frase fatta "questo c'entra come i cavoli a merenda" (per dire "non c'entra niente") mette in chiaro che a merenda non si mangiano cavoli né, del resto, altre verdure mentre, al contrario, ci sta così bene "il cacio sui maccheroni che nel linguaggio figurato usiamo l'espressione per lodare la perfetta appropriatezza o tempestività di un intervento. La sanzione contro chi vuole "fare nozze coi fichi secchi" evidenzia il contrasto tra i "fichi secchi", frutto economico e per di più non fresco ma rinseccato, e l'abbondanza che ci si aspetta da un "pranzo di nozze" (ricchissimo, superiore anche a un "pranzo di Natale"). E infatti le espressioni "mi inviti a nozze" o "questo è un invito a nozze" non hanno significato letterale ma esprimono solo il grande piacere che proveremmo davanti alla squisitezza di cibi e vini in un pranzo di matrimonio.

Quanto al bere, in Italia si pasteggia col vino. Chi non beve vino berrà acqua e nient'altro; non birra, non coca-cola, né cappuccino. I vini di produzione italiana sono innumerevoli; bianchi, rossi, rosati, secchi, da pasto, dolci, abboccati, frizzanti, ecc., con bei nomi spesso famosi: il Chianti, il Barolo, il Barbera, il Brunello, il Lambrusco, il Marsala (qualcuno dice la Marsala), la Vernaccia, il Lacrima Christi. Non è facile orientarsi ma garanzia di qualità è il marchio DOC (denominazione di origine controllata), espressione relativamente recente che ha avuto tanto successo linguistico da essere ormai applicata ai campi più disparati: una pizza DOC, un italiano DOC, un'amicizia DOC, nel senso di "vero", "genuino".

Anche per i vini ci sono regole precise: col pesce si serve solo vino bianco, il vino rosso non va in frigorifero, i vini amabili accompagnano solo il dessert, per festeggiare si brinda con lo spumante (toccando l'un con l'altro i bicchieri e dicendo "cin cin").

In latino si diceva "in vino veritas" (nel vino sta la verità): dall'antica Roma in poi le menzioni del vino nella nostra cultura sono continue e quasi sempre elogiative. Dai molti proverbi ("buon vino fa buon sangue", "chi beve il vino prima della minestra saluta il medico dalla finestra", "il vino è il latte dei vecchi") risulta che il vino dà forza e salute, nelle molte can-

zoncine "da osteria" si loda la capacità del vino di fornire coraggio e allegria, la nota aria della *Cavalleria rusticana* di Mascagni inneggia: "viva il vino spumeggiante!", "viva il vino ch'è sincero!" Di una disputa che si conclude bene si dice che "è finita a tarallucci (ciambelline che si fanno in tutto il meridione) e vino", cioè con soddisfazione di tutti che hanno piacevolmente mangiato e bevuto insieme in segno di ritrovata concordia.

I nostri comportamenti a tavola stanno cambiando: anche in Italia i cibi industriali hanno ridotto il tempo dedicato a cucinare, gli orari di lavoro hanno fatto abbreviare il pasto di mezzogiorno, non sono più così normativi i rituali dei complimenti al cibo quando si è invitati (con richiesta al cuoco della "squisita ricetta"), eppure, a distanza di tanti anni, ci riconosciamo ancora nel messaggio alimentare del film *Un americano a Roma* (1954). Troviamo ancora credibile l'attore Alberto Sordi che, volendo diventare un vero yankee, adotta i blue jeans e il rock, cerca anche di convertirsi al bicchiere di latte e alle uova col ketchup ma poi non resiste e, al grido di "tu mi provochi e io me te magno" (romanesco per "ti mangio"), si getta con entusiasmo sul piatto di pasta e sul fiasco di vino.

1.1

Leggete questo articolo adattato da "La Repubblica" del 23/5/97.

Caffè. Il rito è sempre lo stesso: si versa il caffè nella piccola caldaia della Moka. Si riempie il filtro di caffè. Si avvitano le due parti, si accende il fornello e si attende che il liquido salga.

Il rito italico del caffè inizia di buon'ora. Al cospetto della fatidica tazzina, a casa o al bar, milioni di italiani si fermano un attimo mentre ne gustano l'odore prima di sorseggiarlo. Solo allora la giornata comincia veramente. Ma i modi di assaporarlo variano e di molto: al Nord va alla grande la correzione col cognac, grappa e in alcuni paesi del Friuli anche vino bianco. Al centro e al Sud impera il caffè ristretto o lungo, a volte appena macchiato con il latte.

Il dolce aroma approdò dall'Oriente più o meno tre secoli fa e fu Firenze una delle prime città a essere stregata dall'inconfondibile profumo. Ma il caffè non ebbe vita facile perché i medici del tempo erano convinti che l'uso potesse procurare gravi malattie. Poi l'ascesa della bevanda è diventata irrefrenabile. Oggi, secondo un sondaggio apparso sulla rivista "Gambero rosso" e condotto su un campione di 5 mila persone, l'81 per cento ne beve più di uno al giorno e il 23 ne butta giù più di quattro. Poi viene fuori che stravince il partito di chi preferisce bere il caffè a casa; un 68 per cento che strapazza il restante 32, appassionato dell'espresso al bar. Insomma, la Moka impera. Ma come è nata la caffettiera più amata dagli italiani?

L'idea balenò in mente nel lontano 1933 a un tal Alfonso Bialetti che fino allora aveva pensato solo a mandar avanti la sua fonderia per conto terzi. Il signor Bialetti si mise ad osservare attentamente la moglie che faceva il bucato: l'acqua bollente che dal pentolone saliva a pressione attraverso un tubo per poi ricadere sul bucato sfruttando il detersivo del tempo che era la lisciva. Il "sur" Bialetti decise di sostituire al detersivo la povere di caffè. Il metodo Moka era appena nato. Poi il figlio Renato decide di modificare la "macchinetta" nella versione con doppio fusto sfaccettato a otto lati. Risultato: 250 milioni di pezzi venduti in tutto il mondo, l'onore di vedere esposta la sua invenzione al Museum di Modern Art di New York e la soddisfazione di aver segnato un'epoca, quella dell'omino coi baffi che diceva nello spot tv: "Sì, sì, sì, sembra facile…"

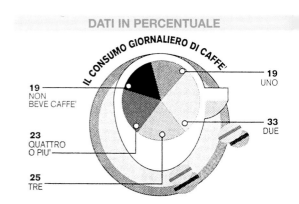

DATI IN PERCENTUALE

IL CONSUMO GIORNALIERO DI CAFFÈ

19 NON BEVE CAFFE'

23 QUATTRO O PIU'

25 TRE

19 UNO

33 DUE

DATI IN PERCENTUALE

IL CAFFE' IDEALE

COME VA FATTO

32 ESPRESSO — 68 MOKA

QUANDO BERLO

12 SERA

22 POMERIGGIO — 66 MATTINA

DOVE BERLO

21 BAR — 79 CASA

CON CHI BERLO

49 DA SOLO — 51 IN COMPAGNIA

LE QUALITA' PRINCIPALI

ARABICA
LUOGHI DI PRODUZIONE-
CENTRO E SUD AMERICA:
BRASILE, COSTARICA,
GUATEMALA, SALVADOR,
NICARAGUA.
AFRICA:
KENYA, ETIOPIA
GUSTO: PIU' MORBIDO E "DOLCE"

ROBUSTA
LUOGHI DI PRODUZIONE-
AFRICA:
ZAIRE, UGANDA, COSTA D' AVORIO
GUSTO:
FORTE CON NOTEVOLE
CREMOSITA'

Che cos'è la Moka? ....

Da quante parti è formata la Moka? ....

Dove si mette l'acqua? ....

Dove si mette la polvere di caffè? ....

Quando è arrivato il caffè in Italia? ....

Da dove è arrivato il caffè in Italia? ....

In quale città italiana si è cominciato a bere il caffè? ....

Quando è nata la Moka? ....

Chi è stato il suo inventore? ....

Come chiamiamo familiarmente la Moka? ....

Quanti pezzi ha venduto la Moka in tutto il mondo? ....

In quale museo è esposta oggi la Moka? ....

Qual è il marchio della Moka? ....

Che cosa diceva l'omino con i baffi nella pubblicità televisiva? ....

....

1.2

Aria di aumento per la tazzina

Nel titolo di giornale qui sopra che cosa s'intende con la parola "tazzina"? che cosa aumenterà probabilmente di prezzo?

....

Tra gli aggettivi che seguono eliminate quello che abitualmente **non** si accompagna alla parola "caffè".

☐ ristretto ☐ lungo ☐ sporco ☐ corretto ☐ freddo ☐ doppio ☐ macchiato ☐ decaffeinato

Con quali ingredienti si fa il "cappuccino"? ....

Di solito, il "cappuccino" si beve in casa, al bar o al ristorante? ....

A Roma, ma non solo, si finisce un pasto abbondante con l'offerta di un "ammazzacaffè". Riuscite a immaginare di che cosa si tratta?

....

1.3

In questa storiella, tratta da "La settimana enigmistica" del 27/9/97, l'umorismo gioca sul doppio uso della parola "caffè".

> Una zolletta di zucchero, follemente innamorata di un cucchiaino gli chiede
> ansiosamente: "Dove potremo vederci?" e lui, con
> noncuranza: "Beh, ... in un caffè."

Quale è un possibile luogo d'incontro per due innamorati?

....

Qual è un molto probabile luogo d'incontro di un pezzo di zucchero con un cucchiaino?

....

Esercizio 2. IL VINO

2.1

Questo breve testo tratta l'origine del nome del vino italiano *Est Est Est*.

Si racconta che nei tempi andati un vescovo tedesco di nome Giovanni Fugger si mise in viaggio dalla Germania alla volta di Roma dove voleva visitare il papa. Poiché amava molto il buon vino, il vescovo ordinò a un suo servo di precederlo, di fermarsi nelle osterie che sembravano promettere bene e, quando il vino che vi offrivano meritava lodi, di scrivere in latino, accanto all'insegna dell'osteria la frase "bonum est" ("è buono") o anche solo "est" (è) che nella tarda latinità si usava ormai per dire sì.

Nel suo percorso il servo arrivò nella cittadina di Montefiascone, con vista sul lago di Bolsena, e avendo assaggiato l'ottimo vino locale, lo apprezzò tanto che, in segno di entusiasmo, sulla porta dell'osteria segnò tre volte "est, est, est". Il vescovo Fugger, arrivato nel frattempo, si trovò d'accordo sulla scelta e si stabilì a Montefiascone per il resto dei suoi giorni; quando morì fu sepolto nella bellissima chiesa di San Flaviano dove ancora oggi si può vedere la sua tomba. E ancora oggi noi beviamo quel Trebbiano della zona che hanno chiamato Est Est Est in memoria di questa vicenda.

In quale regione d'Italia si trovano Montefiascone e il lago di Bolsena?

....

Perché il servo doveva approvare il vino buono con una scritta in latino?

....

2.2

Ecco due proverbi discordanti sul vino.

Vale più un bicchiere di Frascati che tutta l'acqua del Tevere

Che cos'è il Tevere? ....

Che cos'è il Frascati? ....

Che cos'è Frascati? ....

Questo proverbio parla bene o male del vino? ....

Bacco Tabacco e Venere riducono l'uomo in cenere

Con quale parola è menzionato qui il vino? ....

Perché il vino è indicato con questa parola? ....

Che cosa indica qui la parola Venere? ....

Perché "Venere" ha questo significato? ....

Questo proverbio parla bene o male del vino? ....

Esercizio 3.

3.1

Leggete questo breve articolo tratto da "La Repubblica" del 24/9/97 e rispondete alle domande.

LA CURIOSITÀ

Prese il nome della maschera

TORINO — È stata la Caffarel ad inventare il "gianduiotto". Correva l'anno 1865. L'azienda torinese era stata fondata quarant'anni prima. Il colpo di genio venne al titolare quando si accorse che scarseggiava la materia prima. Il carnevale si avvicinava, la ditta aveva ricevuto ordinazioni superiori al previsto. Fu così che l'artigiano decise di mischiare la polvere di nocciola insieme a cacao e zucchero. Fu un successo enorme. Il cioccolatino prese il nome dalla maschera di Torino, Gianduja e da quell'anno il gianduiotto della Caffarel, per fare fronte alle innumerevoli imitazioni, si è chiamato "Gianduja 1865, autentico gianduiotto di Torino". Nel '96 la Caffarel ne ha prodotti per 400 tonnellate. È un simbolo che se ne va.

Che cos'è il "gianduiotto"? ....

Con quali ingredienti è fatto? ....

....

Che cos'è il Carnevale? ....

In che anno è stato inventato il gianduiotto? ....

In quale città italiana viene prodotto? ....

Di quale regione questa città è il capoluogo? ....

Da che cosa ha preso il nome il "gianduiotto"? ....

Avete mai mangiato un "gianduiotto"? ....

Vi è piaciuto? ....

Esercizio 4.

4.1

Basandovi sui titoli delle seguenti riviste italiane, provate a dire quali trattano argomenti legati alla cucina e ai vini.

Quattroruote	....	Quattro zampe	....
Ciak, si gira	....	Il gambero rosso	....
La cucina italiana	....	Airone	....
Gardenia	....	Sale e pepe	....
Bell'Italia	....	Medioevo	....

Esercizio 5.

5.1

In ciascuna delle seguenti liste di parole eliminate quella che non c'entra con le altre.

Pasta:
- ☐ fettuccine
- ☐ tagliatelle
- ☐ orecchiette
- ☐ farfalle
- ☐ libellule
- ☐ spaghettini
- ☐ penne
- ☐ maccheroni

....

Formaggi:
- ☐ parmigiano
- ☐ pecorino
- ☐ asiago
- ☐ belpaese
- ☐ stracciatella
- ☐ stracchino
- ☐ scamorza
- ☐ ricotta

....

Salumi:
- ☐ prosciutto
- ☐ lonza
- ☐ mozzarella
- ☐ mortadella
- ☐ bresaola
- ☐ salame
- ☐ gambuccio
- ☐ coppa

....

Insalate verdi:
- ☐ lattuga
- ☐ scarola
- ☐ millefoglie
- ☐ cappuccina
- ☐ indivia
- ☐ rucola
- ☐ crescione
- ☐ radicchio

....

Odori:
- ☐ prezzemolo
- ☐ basilico
- ☐ menta
- ☐ salvia
- ☐ origano
- ☐ pesto
- ☐ timo
- ☐ maggiorana

....

Pane:
- ☐ rosetta
- ☐ pandoro
- ☐ ciriola
- ☐ treccia
- ☐ sfilatino
- ☐ pagnotta
- ☐ ciabatta
- ☐ michetta

....

Esercizio 6. GLI SPAGHETTI

6.1

A torto o a ragione, gli "spaghetti" sono considerati il piatto nazionale italiano. Giudicate se ciascuna delle seguenti regole per la loro preparazione è *vera* o *falsa*.

	V	F
1. Gli spaghetti si mettono a cuocere nell'acqua fredda.	☐	☐
2. Gli spaghetti devono cuocere almeno 20 minuti.	☐	☐
3. Gli spaghetti si possono servire come contorno.	☐	☐
4. Il condimento più abituale per gli spaghetti è la salsa di pomodoro.	☐	☐
5. Gli spaghetti si possono preparare in anticipo e poi riscaldare.	☐	☐
6. Il giusto punto di cottura per gli spaghetti è "al dente".	☐	☐
7. Gli spaghetti si mangiano con l'aiuto del cucchiaio.	☐	☐
8. Gli spaghetti vanno bolliti in molta acqua salata.	☐	☐
9. Prima di metterli a cuocere, gli spaghetti vanno tagliati.	☐	☐
10. Agli spaghetti con il pomodoro o con il ragù si aggiunge il parmigiano grattugiato.	☐	☐

Esercizio 7.

7.1

Collegate con frecce i seguenti cibi tradizionali e le festività in cui sono abitualmente consumati.

panettone   →   Carnevale
colomba   capodanno
frappe
uovo di cioccolato   Natale
torrone   matrimonio
confetti
torta con le candeline Befana
spumante   Pasqua
carbone dolce   compleanno

7.2

Rispondete a queste domande.

Che cosa vuol dire l'espressione "a quando i confetti"?

....

I fiori di quale albero stanno a indicare il matrimonio?

☐ di mandorlo

☐ di ciliegio

☐ di limone

☐ d'arancio

Esercizio 8.

8.1

Un tipico pasto italiano consiste di un "primo piatto", detto anche "primo" (pasta, risotto, minestre, ecc.), un "secondo piatto", che chiamiamo di solito "secondo" (carne, pesce, ecc.) accompagnato da un "contorno" (di verdure). Segue poi il "dessert" (frutta, dolce, d'estate il gelato). Dividete i seguenti piatti, che sono tutti comuni nella nostra cucina, in "primi" (P), "secondi" (S), "contorni" (C) e "dessert" (D).

macedonia (........), crostata (........), fegato alla veneziana (........), saltimbocca (........), lasagne al forno (........), bollito misto (........), cappelletti in brodo (........), ratatouille (........), risotto (........), peperonata (........), tartufo (........), fagioli all'uccelletto (........).

8.2

Che cosa vuol dire l'espressione metaforica "essere alla frutta"?
....

Esercizio 9.

9.1

Gli "gnocchi" sono un primo piatto. La tradizione (non molto rispettata) vuole che gli gnocchi si mangino di giovedì. Prima di sperimentare la seguente ricetta, inserite le parole mancanti negli spazi lasciati vuoti.

Gnocchi di patate. Per 6 ...., lessate 2 chili di ...., passatele al setaccio mentre sono ancora .... e, quando saranno raffreddate, impastatele con 300 .... di farina e il sale necessario fino a ottenere un impasto morbido e omogeneo. Lavorate l'impasto con le mani, formando dei blocchetti lunghi circa 2 .... e premete con l'indice nel mezzo di ogni gnocco in modo da renderlo appena concavo. Passate gli gnocchi nella .... per evitare che si attacchino fra loro. Fate intanto bollire molta .... salata. Versateci dentro gli ...., pochi alla volta e scolateli appena torneranno a galla. Conditeli con abbondante sugo.

Esercizio 10.

10.1

Le insalate crude si condiscono – all'ultimo momento – con *olio d'oliva*, *aceto di vino* e *sale*. Secondo una regola scherzosa, per condire bene un'insalata sono "necessarie" quattro persone: un *pazzo*, un *avaro*, un *saggio* e un *prodigo*. Decidete voi, senza sbagliare, *chi* deve fare *cosa*.

l'*olio* deve essere versato da un ....

l'*aceto* deve essere versato da un ....

il *sale* deve essere aggiunto da un ....

il tutto deve essere mescolato da un ....

Esercizio 11. LINGUAGGIO FIGURATO

11.1

Nella nostra conversazione quotidiana, noi nominiamo molti cibi in senso figurato. Stabilite che cosa vogliono dire metaforicamente le parole in corsivo nelle frasi che seguono.

1. il signor X è *come il prezzemolo*

....

2. la signora Y stava lì *come un baccalà*

....

3. il tuo arrivo è stato *come il cacio sui maccheroni*

....

4. il tale è *un pezzo di pane*

....

5. il talaltro è *un salame*

....

6. la signora Z è *una rapa*

....

7. Tizio è *un pesce lesso*

....

8. Caio è *un finocchio*

....

9. Sempronio è *una pizza*

....

10. sei *una mozzarella*

....

11. sei *una scamorza*

....

12. quel film è *un polpettone*

....

13. la sua conferenza è stata *un minestrone*

....

14. hai fatto *una frittata*

....

11.2

Anche i modi di preparazione dei cibi ("cuocere", "bollire", "friggere", "arrostire") ci forniscono espressioni che usiamo metaforicamente con altri significati.

Che cosa intendiamo con le frasi seguenti?

1. che cosa bolle in pentola?

....

2. lei parlava e lui bolliva

....

3. è completamente bollito

....

4. vai a farti friggere

....

5. non friggere così

....

6. siamo fritti

....

7. è una storia fritta e rifritta

....

8. tutto fa brodo

....

9. lascialo cuocere nel suo brodo

....

10. è cotto

....

11. è tutto fumo e niente arrosto

....

12. in tutte le salse

....

TIREMM INNANZ

TIREMM INNANZ

La frase "Tiremm innanz", che in dialetto milanese vuol dire "andiamo avanti", fu rivolta nel Risorgimento da un patriota a chi lo stava portando a morire e gli prometteva salva la vita in cambio di una delazione. Oggi noi, che così l'abbiamo imparata a scuola, anche se non conosciamo il milanese, la ripetiamo scherzosamente nelle occasioni più banali per dire appunto "continuiamo", "non ci vogliamo fermare". Allo stesso modo, i ricordi scolastici e di vita comuni con l'interlocutore ci spingono a intercalare nelle nostre conversazioni quotidiane citazioni da Dante (frequentissime), dai classici e dagli altri testi letterari che hanno fatto parte della nostra formazione, frasi fatte, detti famosi, espressioni, motti e proverbi, slogan.

Né bisogna credere che questi riferimenti appartengano a una minoranza acculturata. Il patrimonio è di tutti: nel romanzo contemporaneo di Aldo Busi, *Vita standard di un venditore provvisorio di collant*, un personaggio femminile di pochissimi studi tira fuori anche lei il verso dantesco "non ragioniam di lor ma guarda e passa", storpiandolo nell'assurdo "guarda i passeri" e però mantenendo perfettamente l'appropriatezza pragmatica.

Il linguaggio pubblicitario, oltre a regalare alla lingua espressioni originali che poi soprattutto i giovani ripeteranno con propositi diversi ("Calimero, piccolo e nero", "lava bianco che più bianco non si può", "chi beve birra campa cent'anni", "contro il logorio della vita moderna"), usa e modifica frasi già esistenti che presume di sicuro richiamo. Pur non rivolgendosi a un raffinato gruppo di latinisti ma a un pubblico il più possibile allargato, si è di recente impadronito del drammatico saluto che i gladiatori facevano in latino all'imperatore nell'antica Roma prima di scendere nell'arena: "Ave Caesar, morituri te salutant" ("Salute, Cesare, prima di morire ti salutiamo") e lo ha parodiato in "Ave, Vallelata, pomodori te salutant!" con l'obiettivo di vendere mozzarelle. Anche i titoli di giornale fanno ricorso a frasi ben conosciute per meglio attrarre l'attenzione del lettore ma solo per un italiano il titolo "Oh, Valentino vestito di nuovo" rimanderà contemporaneamente a un noto "re" della moda e alla poesia del Pascoli studiata in quinta elementare. Tra le citazioni letterarie, oltre a Dante che fa la parte del leone, utilizziamo anche altre memorie dei banchi di scuola: versi di poesia che meglio rimangono nell'orecchio grazie al ritmo, alla rima, al lessico spesso desueto ("Silvia, rimembri ancora", "t'amo pio bove", "la pargoletta mano"), e poi frasette dai *Promessi Sposi*, il romanzo che ogni studente italiano ha dovuto leggersi più volte, ("quel ramo del lago di Como", "la sventurata rispose", "dagli all'untore", l'esortazione in spagnolo "adelante Pedro con juicio" di nuovo in latino l'"omnia munda mundis"– "tutto è puro per chi è puro – di fra Cristoforo) ma anche dai testi per l'infanzia: *Pinocchio*, innanzitutto, e il libro *Cuore*.

Sono molteplici i nostri rimandi ai classici: dagli omerici "cavallo di Troia", "tallone d'Achille", "l'ira funesta", "il gigante Polifemo", a tutta la tradizione romana ("ci rivedremo a Filippi", "venni, vidi, vinsi") che ci rifornisce anche di una inesauribile scorta di motti e sentenze per ogni occasione nella solita lingua latina. Insomma, questo latino così poco amato dagli studenti è senz'altro vivo quando tratta di commentare le vicende di tutti i giorni; diciamo "carpe diem" (e non *"cogli la giornata") per invitare a vivere la pienezza della vita, diciamo "mens sana in corpore sano" (e non *"mente sana in un corpo sano') per elogiare l'esercizio fisico accanto a quello intellettuale. Ci sono così noti e familiari questi detti che a volte ci limitiamo ad accennarli, certi di essere comunque capiti: quando siamo al limite della sopportazione, ci basterà dire "Usque tandem" e l'interlocutore ci metterà lui mentalmente il resto della frase "...Catilina, abuteris patientia nostra?" ("fino a quando, Catilina, approfitterai della nostra pazienza?") Un capitolo a parte in questo intrico di riferimenti a cose che tutti sappiamo è il fenomeno dell'antonomasia per cui personaggi con un nome proprio che conosciamo dalla tradizione religiosa, dal mito, dalla storia, dalla leggenda o dalla letteratura diventano piano piano nomi comuni e passano a indicare i vizi e le virtù di altri, magari vicini di casa o colleghi d'ufficio. È comune ad altre comunità nel mondo occidentale denominare "Otello" un uomo geloso, "Sherlock Holmes" chi indaga su cose poco chiare,

"Lolita" una giovanissima oggetto di desideri amorosi, "Rambo" un avventuroso con molti muscoli. Più specifici della cultura nostra, oltre ai continui riferimenti alla classicità greca e romana ("è una Venere", "lo ha rovinato Bacco", "è un ottimo anfitrione" – di chi ci invita spesso a pranzo –, "è un Creso" – di chi è ricchissimo) sono, fra i molti altri, "un Giamburrasca", bambino terribile da un libro per l'infanzia, "un Don Abbondio", uomo di poco coraggio, e i cattivi "bravi" di memoria manzoniana, il "Re Travicello" del Giusti, che non comanda e si fa trasportare dalla corrente. Se vogliamo indicare un singolo individuo che, per suo furore o incapacità di comprendere, distrugge le cose belle che si trova d'attorno, diciamo di lui "è un Attila" (il barbaro re degli unni) ma se il concetto si allarga a più persone non li chiamiamo "unni" bensì "vandali", altra popolazione barbarica che distrusse molto ma non più dei visigoti o degli ostrogoti che non citiamo in questo senso. Degli ostrogoti ricordiamo invece che parlavano una lingua incomprensibile: "parli ostrogoto" vuol dire "non ti capisco" (ma si può dire anche "parli arabo").

Esercizio 1. DANTE

1.1

Nei seguenti mini-dialoghi, le battute di A e di B sono disposte alla rinfusa; riordinatele in modo da ottenere conversazioni coerenti. Ricordate che le battute di B sono tutte citazioni dalla *Divina Commedia* di Dante Alighieri, entrate a far parte del linguaggio corrente.

1. A. Com'era il ragazzo che hai conosciuto alla festa?
   B. *Non ragioniam di lor ma guarda e passa.*

2. A. Tuo figlio, a scuola, sarà promosso o bocciato?
   B. *Fatti non foste a viver come bruti.*

3. A. Chi c'era con voi?
   B. *Più che 'l dolor potè il digiuno.*

4. A. Ci provo io a sistemare quel rubinetto?
   B. *Soli eravamo e sanza alcun sospetto.*

5. A. Papà, perché passiamo tutte le domeniche nei musei?
   B. *È tra color che son sospesi.*

6. A. Trovo che i Bianchi si comportano molto stranamente.
   B. *Vuolsi così colà dove si puote.*

7. A. Perché dobbiamo anticipare l'orario d'ingresso?
   B. *Biondo era e bello e di gentile aspetto.*

8. A. Come mai sei andato a cena da quei noiosi?
   B. *Qui si parrà la tua nobilitate.*

1A - 7B
.... / .... / .... / .... /
.... / .... / .... / .... /

Esercizio 2. IL LATINO

2.1

Nei mini–dialoghi che seguono, le battute di B sono in lingua latina ma ormai parte integrante della nostra conversazione spicciola. In alcuni casi l'espressione latina non viene nemmeno citata per intero giacché il suo seguito è noto alla maggioranza dei parlanti. Cercate di comprendere il significato di queste battute dal mini-contesto in cui si trovano ma, se non ci riuscite, cercatelo fra quelli dati più sotto, alla rinfusa.

1. A. Gli piace il gelato alla melanzana.
   B. *De gustibus (non est disputandum).*

2. A. Mi sono comperato un telefonino.
   B. *Tu quoque (Brute, fili mi)!*

3. A. Su, mangia ancora una fetta di dolce.
   B. *Vade retro (Satana)!*

4. A. Perché hai voluto mettere tutto per iscritto?
   B. *Verba volant (scripta manent).*

5. A. Pare che domenica arrivi tuo cugino con tutta la famiglia.
   B. *Libera nos Domine.*

6. A. Allora, hai deciso di trasferirti a Pavia?
   B. *Alea iacta est.*

7. A. Devi assolutamente smettere di fumare.
   B. *Medice, cura te ipsum.*

8. A. Si sono fatti un sacco di risate alle tue spalle.
   B. *Risus abundat in ore stultorum.*

a) i gusti sono gusti, sui gusti non si discute
b) il dado è tratto, la decisione è presa
c) il riso abbonda nella bocca degli sciocchi
d) allontanati, indietreggia, Satana!
e) le parole volano via, le cose scritte rimangono
f) liberaci, Signore, da questo male
g) medico, cura te stesso, risolvi i problemi tuoi prima di quelli degli altri
h) anche tu Bruto, figlio mio! (fai queste cose).

1A
.... / .... / .... / .... / .... / .... / .... / .... /

2.2

Per ciascuna delle seguenti espressioni in latino, che noi usiamo correntemente, scegliete il significato giusto fra quelli proposti.

1. quel ristorante è *non plus ultra*

   ☐ ottimo   ☐ carissimo   ☐ fuori moda

2. l'articolo va letto *cum grano salis*

   ☐ con attenzione   ☐ con cautela   ☐ con pazienza

3. questo è successo *temporibus illis*

   ☐ molto tempo fa   ☐ col cattivo tempo   ☐ in tempo reale

4. qui sta il *busillis*

   ☐ il punto più importante   ☐ la difficoltà   ☐ la convenienza

5. ecco il *lupus in fabula*

   ☐ il cattivo della storia   ☐ il protagonista   ☐ la persona di cui stavamo parlando

6. lo ha detto *coram populi*

   ☐ sottovoce   ☐ in privato   ☐ in pubblico

7. hanno ricevuto il premio *ex aequo*

   ☐ inaspettatamente   ☐ meritatamente   ☐ a pari merito

8. è stata una *via crucis*

   ☐ un lungo percorso   ☐ una vicenda difficile e dolorosa   ☐ una gran confusione

Esercizio 3. LE FRASI FATTE

3.1

Provate a dire quali sono le frasi celebri che sono state pronunciate nelle occasioni qui elencate e che abbiamo inserito nel nostro linguaggio quotidiano. Se non le sapete, le potete scegliere fra quelle disposte più sotto alla rinfusa.

1. **Ai tempi della Bibbia.** Sansone, eroe di forza straordinaria, fu fatto prigioniero e accecato dai Filistei. Quando un giorno questi lo portarono al tempio per mostrarlo alla folla, Sansone usò la sua grande forza e, pur sapendo che sarebbe rimasto ucciso insieme ai suoi nemici, fece crollare le colonne del tempio al grido di:

   ....

2. **Ai tempi degli antichi romani.** Le donne dei patrizi usavano adornarsi di bracciali e collane preziose. Quando chiesero a Cornelia, passata poi alla leggenda come "la madre dei Gracchi", perché non portasse monili, lei indicò i suoi figli e disse:

   ....

3. **Alla fine del Quattrocento.** Cristoforo Colombo si avventurò attraverso l'Atlantico alla ricerca delle Indie. Dopo mesi di mare aperto, quando furono finalmente avvistate le coste dell'America, pare che Colombo stesso, o forse un suo marinaio, esclamasse:

   ....

4. **Nel Seicento.** Galileo Galilei fu costretto dal Sant'Uffizio a rinnegare le rivoluzionarie teorie astronomiche di Copernico, di cui lui era convinto. Si racconta che, dopo aver ammesso che la terra era piatta e immobile, mormorasse sottovoce:

   ....

5. **Nella seconda metà dell'Ottocento.** Garibaldi incontrò a Teano il re Vittorio Emanuele II e gli consegnò il Regno delle Due Sicilie che aveva appena conquistato. Garibaldi avrebbe voluto continuare a combattere risalendo l'Italia ma, quando il re glielo proibì, rispose:

   ....

6. **In tempi molto recenti.** L'uomo politico Giulio Andreotti, deputato e senatore per la Democrazia Cristiana nel corso di decenni e molte volte a capo di governi, a chi gli chiedeva se non si sentisse logorato da così tanti anni di esercizio del potere, disse:

   ....

Terra terra • Muoia Sansone con tutti i Filistei
Il potere logora chi non ce l'ha • Obbedisco
Eppur si muove • Ecco i miei gioielli

4.1

Chiamiamo antonomasia il frequente fenomeno per cui un nome proprio (di dio pagano, di personaggio mitologico, storico, letterario, ecc.), diventato per qualche aspetto famoso, passa a indicare tutta una categoria di persone o di oggetti che hanno le sue stesse caratteristiche e diventa un nome comune. Rispondete alle domande.

Adone
Nella mitologia classica era un giovane bellissimo di cui si innamorò Venere.
Che cosa vuol dire oggi "Adone" nelle frasi "si crede un Adone", "non è un Adone"?

....

Centauro
Era una creatura mitologica con testa e torso di uomo e corpo di cavallo con quattro zampe.
Che cosa indichiamo oggi con la parola "centauro"?
Osservate anche questo titolo di giornale.

> Da oggi scatta l'aumento della benzina, ma non tutte le compagnie si adeguano
> # Caro bollo, centauri in rivolta

....

Narciso
Era un personaggio mitologico che si innamorò di se stesso, specchiandosi nell'acqua.
Che cosa vuol dire oggi "narciso" nelle frasi "è un narciso", "non essere così narciso"?

....

Cassandra
Era un personaggio dell'*Iliade* di Omero che riusciva a prevedere le future disgrazie di Troia ma non veniva creduta da nessuno.
Che cosa vuol dire oggi "cassandra" nelle frasi "fare la cassandra", "essere una cassandra"?

....

Circe
Era un personaggio dell'*Odissea* di Omero che seduceva Ulisse e i suoi compagni con arti amorose e tramutandoli in porci.
Che cosa vuol dire "una circe" nella lingua d'oggi?
Osservate anche questo titolo di giornale.

> GIALLO DI CAPRIOLO / Colpo di scena davanti al giudice che deciderà sulla richiesta di rinvio a giudizio dei due ex innamorati
> # Il pm: arrestate l'amante della Circe

....

Giuda
Nei Vangeli era l'apostolo che con un bacio indicò Cristo ai suoi persecutori in cambio di trenta denari.
Che cosa vuol dire oggi "giuda" nelle frasi "è un giuda", "il bacio di Giuda"?

....

Pico della Mirandola
Era un filosofo italiano del Rinascimento famoso per la sua straordinaria memoria.
Che cosa vuol dire oggi "non sono un Pico della Mirandola"?

....

Numerosi personaggi della letteratura italiana sono usciti dalle pagine dei libri dove erano nati per acquistare vita propria nel linguaggio di tutti i giorni. Nelle frasi che seguono, riempite gli spazi vuoti con nomi di personaggi corrispondenti alle caratteristiche accennate; in caso di difficoltà, vi potete aiutare con l'elenco che trovate più sotto in cui le risposte corrette sono disposte alla rinfusa.

Quei due stanno sempre in coppia, cercando di imbrogliare il prossimo: sembrano ....

....

Basta con le prediche! Non ti sopporto quando fai il ....

Vorrei fare un po' di carriera e non finire la mia vita in questo impiego da ....

È una causa complessa, non possiamo affidarla a un qualsiasi ....

Non credo che abbia compiuto nessuna delle imprese di cui si vanta, è solo un ....

Questo scrittore non lo conosce nessuno: è un perfetto ....

Non ha per niente coraggio, sa solo urlare, minacciare e fare il ....

Sono ore che stai lì a lavorare a tavolino, mi sembri ....

gradasso • rodomonte • il piccolo scrivano fiorentino • azzeccagarbugli il gatto e la volpe • travet • carneade • grillo parlante

Rispondete alle domande su questi personaggi che gli italiani conoscono bene.

1. *Che cosa intendiamo quando diciamo "il signor Rossi"?*

....

2. *Che cosa intendiamo con "la casalinga di Treviso"?*

....

3. *Che cosa intendiamo con il nome e cognome "Pinco Pallino"?*

....

4. *Che cosa intendiamo con il personaggio delle favole "il Principe Azzurro"?*

....

5. *Con il nome della maschera italiana "Arlecchino" indichiamo due tipi di persone diverse. Quali sono?*

....

....

6. *Che cosa indichiamo con il personaggio dei fumetti chiamato "Cipputi"?*
Osservate anche i titoli di giornale qui sotto.

....

Lussemburgo, in piazza 50 mila operai, minatori e disoccupati: "Subito decisioni per salvare i posti di lavoro"

La carica degli "eurocipputi"

L'alleanza Cipputi-mercati

7. *Quale tipo fisico maschile si indica con l'appellativo "Bombolo" tratto da una vecchia canzonetta?*

....

8. *Quale tipo fisico maschile si indica con il nome "Marcantonio"?*

....

9. *Con il nome di "Pierino", eroe di molte barzellette, indichiamo due tipi di bambino, molto diversi fra loro. Quali sono?*

....

....

10. *"L'arte di Michelaccio" consiste nel fare tre cose. Quali sono?*

....

....

....

11. *Quale animale domestico è abitualmente indicato con il nome proprio "Fido"?*

....

12. *Quale animale domestico è abitualmente indicato con il nome proprio "Loreto"?*

....

4.4

1. Secondo la mitologia classica e l'*Odissea* di Omero, Scilla e Cariddi sono due mostri terribili che si fronteggiano sui due lati dello stretto di Messina, fra la Sicilia e la Calabria. Si racconta che spesso i naviganti, tentando di evitare l'uno, finivano stritolati dall'altro. Osservate ora questo titolo di giornale e rispondete.

Che cosa indicano Scilla e Cariddi, sempre citati insieme, nel linguaggio moderno?

....

> **IL CAUTO PRODI TRA SCILLA E CARIDDI**

2. Leggete ora questo breve brano tratto da *In punta di lingua* di Cesare Marchi, Rizzoli 1992, e rispondete:

La donna ha chiesto il divorzio perché non riusciva più a sopportare il marito: un cerbero gelosissimo. Nell'anticamera del ministro c'era un usciere burbero e intrattabile, un vero cerbero. A scuola ho odiato la matematica per colpa del cerbero che l'insegnava. Con questa parola indichiamo una persona intollerante e intransigente, dai modi sgarbati, irosi, talvolta incivili. Chi era Cerbero? Un mostro della mitologia classica, un cane con tre teste e coda di serpente, posto a custodia dell'Ade, il regno dei morti.
Dante mette Cerbero custode del cerchio dei golosi, dove il mostro non si limita ad abbaiare; fa di peggio, sbrana e dilania i dannati con insaziabile voracità.

Secondo la mitologia classica, chi era Cerbero con la C maiuscola?

....

Chi era Cerbero per Dante?

....

Che cosa significa oggi "un cerbero" con la c minuscola?

....

3. Leggete questo breve dialogo tra "Pinocchio" e "la marmottina", tratto da *Le avventure di Pinocchio* di Carlo Collodi e rispondete.

Marmottina: "E chi è questo Lucignolo?"
Pinocchio: "Un mio compagno di scuola. Io volevo tornare a casa: io volevo essere ubbidiente: io volevo seguitare a studiare e a farmi onore... ma Lucignolo mi disse:" Perché vuoi tu annoiarti a studiare? Perché vuoi andare alla scuola? Vieni piuttosto con me nel "Paese dei Balocchi": lì non studieremo più: lì ci divertiremo dalla mattina alla sera e staremo sempre allegri."
Marmottina: "E perché seguisti il consiglio di quel falso amico, di quel cattivo compagno?"

Che cosa s'intende nella lingua d'oggi con "un Lucignolo"?

....

Sottolineate nel testo le espressioni che definiscono Lucignolo nel senso usato anche oggigiorno.

5.1

I seguenti titoli di giornale utilizzano titoli e citazioni da opere letterarie italiane molto conosciute opportunamente modificati allo scopo di attrarre il lettore e di colpire la sua attenzione.

1. A quali opere letterarie fanno riferimento i seguenti titoli?

IL MATISSE FURIOSO

L'Orlando Noioso

....
di ....

I NOMI DELLA ROSA

successo del superfavorito allievo di Hinault
il cognome della rosa

NEL NOME DELLA ROSA BIANCA

IL NOME DELLA COSA

....
di ....

2. A quali citazioni letterarie fanno riferimento i seguenti titoli? Da quali opere provengono?

LE DONNE, I CAVALIER L'ARTE E IL PARTITO

....
di ....

E organizzar m'è dolce in questo mare
E GUARIR M'E' DOLCE

....
di ....

Arafat chi era costui
ROBESPIERRE CHI ERA COSTUI?
ZLOTY, CHI ERA COSTUI?

....
di ....

È subito guerra tra laici e dc

Nuova legge, ed è subito guerra

ed è subito energia

E FU SUBITO STILE

....

di ....

3. Qual è il proverbio originario che sta dietro a questa pubblicità?

TUTTO E' BENE

QUEL CHE FINISCE

CON CICATRENE®

6.1

Nonostante l'improbabile e arcaica lingua usata nei "libretti", nell'Italia per tradizione patria del "bel canto", l'opera consegna ancora alla memoria e all'uso pratico di tutti i giorni molti versi dalle sue arie più famose.

Non c'è italiano di nome "Alfredo" che non si sia sentito implorare, per gioco,: "amami, Alfredo!" sul modello della ben nota invocazione di Violetta, la "traviata" consunta dalla tisi. Allo stesso modo, ogni donna chiamata Aida si sarà sentita certamente dire: "celeste Aida", dall'opera di Verdi e a molti, quando ridono, si fa: "ridi, pagliaccio!" (da *I pagliacci* di Leoncavallo), co-sì, senza nessuna implicazione, e con perples-sità di chi, non riconoscendo la citazione, sten-ta a partecipare. Quando si è tutti in procinto di andarsene ma nessuno si decide a compiere il primo passo, la citazione obbligata è "par-tiam, partiam", tipica di molte opere, mentre il pucciniano "oh, che gelida manina" viene ripe-tuto ogni volta che una donna sente un po' di freddo. Altrettanto d'obbligo è brindare (anzi, "libare") in calici (bicchieri da spumante) che per convenzione sono "lieti" ("libiam nei lieti calici" dalla *Traviata*) mentre "tremenda" è sempre la vendetta e "furtiva" la lacrima ("sì, vendetta, tremenda vendetta" dal *Rigoletto* e "una furtiva lacrima" dall'*Elisir d'amore*).

Con queste parole, in un modo o nell'altro collegate con il mondo dell'opera, riempite correttamente gli spazi lasciati vuoti nelle frasi che seguono.

> Abbado • mezzosoprano • loggione • Scala • platea • Figaro • Va pensiero
> Violetta • Gigli • Mimì • Tosca • O Signore, dal letto natio • Muti
> Madame Butterfly • Massimo • contralto • Caruso

Curati quella tosse; vuoi fare concorrenza a .... e a
....?

Il barbiere che "tutti cercano", "che tutti vogliono" si chiama ....

Fra i teatri italiani più famosi, conosco il .... di Palermo
e la .... di Milano.

Dicono che in fatto d'opera il pubblico del .... anche se
spende meno, è più competente di quello della ....

In cartellone ci sono sia la .... che la ....

I cantanti lirici italiani che meglio ricordiamo sono ....
e ....

Non mi ricordo se canta da .... o da ....

Che direttore preferisci fra .... e ....?

6.2

Rispondete alle domande.

Su quale famosissima aria operistica sono ricalcati questi due diversi titoli di giornale? Da quale opera proviene?

....
....

CHE GELIDA SCARPINA

CHE GELIDA PANCHINA

Su quale famosissima aria operistica è ricalcato questo titolo di giornale? Da quale opera proviene?

....
....

GIORNALISTI VIL RAZZA DANNATA

La donna è mobile, ma si ferma da Coincasa.

Su quale famosissima aria operistica si basa questa pubblicità di Coin casa? Da quale opera proviene?

....
....

7.1

Anche dalla musica popolare, dalle molte canzoni regionali spesso in dialetto (numerose e conosciutissime sono quelle napoletane) e dalla musica detta "leggera" delle canzonette traiamo diffuse citazioni, un po' lunghe da elencare e forse destinate a vita più effimera di quelle operistiche.

Possiamo tuttavia ricordare, come esempio, il "c'eravamo tanto amati" di una canzone degli anni trenta che, diventato molti anni dopo titolo di un film (di Scola), dalla fortuna del film ricava popolarità nuova tanto da servire oggi come base per il calco *C'eravamo tanto odiati*, un libro di Rosario Bentivegna.

È rimasto anche il più recente "non ho l'età per amarti" che nella canzone originaria si riferiva a una adolescente troppo giovane "per uscire sola con te" e che nel linguaggio corrente è piuttosto usata ironicamente per indicare chi di anni ne avrebbe troppi.

Ma forse il ritornello che più ha fatto epoca è quello della canzone di Enzo Iannacci che a chi timidamente propone: "vengo anch'io!" brutalmente risponde: "no, tu no!"

Provate a dire, anche in base a qualche indizio testuale, che tipo di canzoni (ninna nanna, canzone partigiana, canto di Natale, canzone di montagna, canto di protesta, canzoncina per bambini, canzone napoletana, canzonetta) sono quelle elencate qui sotto, di cui vi diamo due versetti ciascuna.

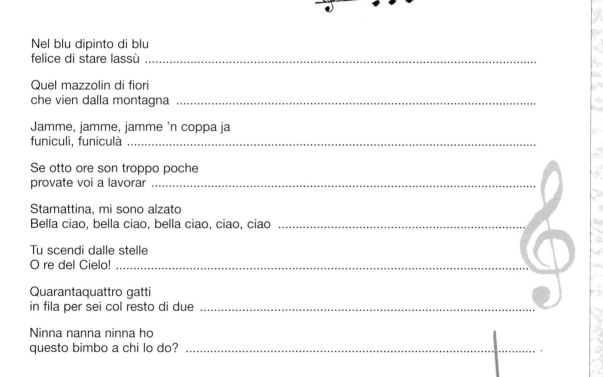

Nel blu dipinto di blu
felice di stare lassù ....

Quel mazzolin di fiori
che vien dalla montagna ....

Jamme, jamme, jamme 'n coppa ja
funiculì, funiculà ....

Se otto ore son troppo poche
provate voi a lavorar ....

Stamattina, mi sono alzato
Bella ciao, bella ciao, bella ciao, ciao, ciao ....

Tu scendi dalle stelle
O re del Cielo! ....

Quarantaquattro gatti
in fila per sei col resto di due ....

Ninna nanna ninna ho
questo bimbo a chi lo do? ....

Rispondete alle domande di questo questionario "musicale".

1. *In quale città italiana si svolge ogni anno il più importante Festival di musica leggera?*
   ....

2. *Che tipo di Festival musicale è lo "Zecchino d'oro"?*
   ....

3. *Che cosa è un "cantautore"?*
   ....

4. *Che cosa vuol dire la comune espressione* "canta che ti passa"?
   ....

5. *Che cosa vuol dire la comune espressione* "è ora di cambiare musica"?
   ....

6. *Che cosa indica un cibo regionale chiamato* "carta da musica"?
   ....

7. *Con quale di queste espressioni si usa designare un grande e famoso cantante?*
   ☐ un'ugola d'oro   ☐ una gola profonda   ☐ un braccio di ferro   ☐ un do di petto

8. *In quale momento della giornata è tradizione che gli uomini italiani cantino, stonando, arie d'opera?*
   ☐ la sera dopo cena   ☐ la mattina facendosi la barba   ☐ facendo colazione al bar

9. *Con quale di questi strumenti musicali, colleghiamo anche in Italia il Natale?*
   ☐ con il flauto   ☐ con il violino   ☐ con la zampogna   ☐ con il sassofono

10. *Quali canzoni italiane conoscete?*
    ....
    ....

Nei seguenti versi, che sono tratti da popolarissime canzoni dialettali di diverse regioni italiane, è stato sottolineato l'articolo maschile,vale a dire i modi diversi in cui, a seconda delle regioni, si dice quello che in italiano standard è "il". Usate questo indizio, ma anche altri che potete trovare all'interno dei versi dati, per collegare con frecce i versi delle canzoni con le regioni cui appartengono.

'o sole mio sta 'n fronte a te	Toscana
e vola, vola, vola *lu* cardillo	Veneto
partivo una mattina co *i'* vapore	Lazio
si *er* papa me donasse Roma sana	Abruzzo
la mama la sta bene, *el* papà l'è amalato	Campania

SIAMO UOMINI O CAPORALI?

1.1

Leggete questo brano tratto dal libro di Marcello Mastroianni, *Mi ricordo, sì, io mi ricordo* (a cura di Francesco Tatò), Baldini & Castoldi,1997, p. 61 e rispondete alle domande.

Mr Latin Lover

Il Latin lover! Che pazienza. Sono trentacinque anni, da quando ho fatto *La dolce vita*, che gli americani hanno deciso che ero "il Latin lover".

Ma Latin lover di che? Io non ho mai frequentato i night club; non ho mai battuto via Veneto, anche se ho fatto un film, a via Veneto. Sì, un caffè una volta ogni tanto. Non lo so. Forse è il fatto che in quel film, e dopo anche in altri, sono stato attorniato da belle donne: ma questo non significa essere un Latin lover. Sullo schermo, io ero pagato per abbracciarle; facevamo finta di amarci, no?

Il Latin lover! Io ho detto: "Ma li avete visti i miei film?" Dopo *La dolce vita*, per non ripetere – perché i distributori e produttori avrebbero subito voluto rivedermi con la giacca a V dai bottoni d'oro – io ho girato un film dove facevo l'impotente: *Il bell'Antonio*. E subito dopo *Divorzio all'italiana*: un laido cornuto. Ho fatto anche un uomo incinto; ho fatto l'omosessuale in *Una giornata particolare*.

Non c'è niente da fare, niente da fare! Ormai ho settantadue anni e ancora continuano a scrivere "il Latin lover". Ma che sono? Un fenomeno da baraccone? Io ho fatto carriera lavorando nel mio mestiere, non facendo il bellimbusto.

Che cos'è via Veneto?

....

In quale città si trova?

....

Quale film ha fatto Mastroianni a via Veneto?

....

Quali film interpretati da Mastroianni sono citati in questo brano?

....

....

....

....

In quale di questi film Mastroianni indossava una giacca a V coi bottoni d'oro?

....

Quali personaggi Mastroianni ha interpretato nei seguenti film?

Il bell'Antonio ....

Divorzio all'italiana ....

Una giornata particolare ....

Mastroianni dice di aver interpretato "un uomo incinto" in un film che non nomina. Sapete per caso qual è?

....

di ....

Come viene definito Mastroianni dagli americani?

....

Secondo il testo che avete letto, l'attore accetta questa definizione?..

Esercizio 2. CARO DIARIO

2.1

Il testo che segue è tratto da: *Dizionario del cinema italiano* di Fernaldo di Giammatteo, Editori Riuniti, 1995, p.66.

Il film *Caro Diario* di Nanni Moretti, 1993, interpretato dallo stesso regista, si compone di tre episodi: *In Vespa*, *Isole* e *Medici*. Qui trovate la trama del primo episodio: leggetela e rispondete alle domande.

Tre episodi di una pseudoautobiografia. 1. In Vespa. Girando d'estate per una Roma deserta, Nanni finisce in un cinema dove il protagonista del film esclama: "La nostra generazione, cosa siamo diventati? Neanche gli Optalidon sono più gli stessi. Siamo invecchiati, gridavamo cose orrende e violentissime". Nanni si alza e protesta: "Voi gridavate cose orrende e violentissime, voi siete invecchiati, io gridavo cose giuste e ora sono uno splendido quarantenne". Esce, risale in Vespa e si imbatte in un gruppo di giovani che balla il merengue. Per strada incontra Jennifer Beals, la protagonista di *Flashdance* con il marito Alexander Rockwell ("*Flashdance* – esclama Nanni – ha cambiato la mia vita.") Continuando il giro capita a Spinaceto dove si imbatte in un ragazzo seduto su un muretto. Passa dalla Garbatella al Villaggio Olimpico, a Monteverde e alla fine si ferma in un altro cinema per vedere un film molto amato dai cinefili, *Henry pioggia di sangue*. È colto da una indignazione incontrollabile, va dal critico che ha elogiato il film e lo maltratta fino a farlo piangere disperato. A casa trova alcuni ritagli sulla morte di Pasolini. Riprende la Vespa e si reca a Ostia, la attraversa tutta, percorre lunghe strade assolate, fino a giungere al luogo dove sorge il misero monumento dedicato al poeta.

Che cos'è la Vespa?

....

In quale città si svolge questo episodio?

....

Perché Roma è deserta?

....

Che cos'è un Optalidon?

....

Di quale "generazione" si parla nel film che Nanni Moretti va a vedere?

....

Che cosa pensano di questa "generazione" i personaggi del film?

....

Che cosa ne pensa Nanni Moretti?

....

Che definizione Nanni Moretti dà di se stesso?

....

Quali film americani sono citati nell'episodio?

1. ....

2. ....

Nanni Moretti ne parla bene o male?

1. .... 2. ....

Quali quartieri di Roma sono citati nel testo?

....

....

Chi è Pasolini?

....

Dove si trova Ostia?

....

Perché il "misero monumento" dedicato a Pasolini si trova vicino a Ostia?

....

2.2

Leggete ora questo breve articolo tratto da "La Repubblica" del 24/11/97 e rispondete.

Da cent'anni a piazza Pitagora

È morto il pino di "Caro Diario"

L'altra sera è crollato il vecchio pino che ornava, da tempo immemorabile, piazza Pitagora, ai Parioli. Si tratta dello stesso albero che, in una scena famosa di "Caro Diario", vedeva Nanni Moretti girargli intorno in Vespa, e tutti gli volevano bene. Nel crollo ha danneggiato varie auto ma non ha provocato feriti. Gli abitanti della zona in passato avevano lanciato più di un allarme sul suo stato di salute, chiedendo che venisse sostenuto con puntelli e tiranti. Nulla è stato fatto e il pino è venuto giù. Ieri i vigili del fuoco lo hanno fatto a fettine e lo hanno portato via. Ma tutti già chiedono che il suo posto venga preso, al più presto, da un altro giovane pino.

Che cosa si intende con "il pino di Caro Diario?"

....

Che cosa faceva Nanni Moretti intorno al pino nel film?

....

In quale città e in quale quartiere si trova Piazza Pitagora?

....

Con quale altro nome sono comunemente chiamati in italiano i Vigili del Fuoco?

....

Esercizio 3. I FRANCOBOLLI

3.1

In Italia esiste una serie di francobolli dedicata al cinema. Qui accanto ne vedete due tra i tre che sono stati emessi nel 1997. A destra dell'immagine trovate scritto il titolo del film a cui ciascuno si riferisce, a sinistra il nome dell'attrice e dell'attore che di ciascuno è interprete. Ricopiate qui sotto i titoli dei due film e i nomi dei due attori.

.... con ....

.... con ....

Siete in grado di dire chi sono i registi dei due film?

....

....

In questo francobollo che appartiene alla stessa serie trovate sempre a destra il titolo del film e a sinistra il nome del suo regista che è anche l'attore protagonista. Ricopiate qui titolo e nome.

....

di e con ....

Esercizio 4. GLI OSCAR

4.1

In passato il Premio *Oscar* per il migliore film straniero è stato attribuito a vari film italiani dei registi De Sica, Fellini, Petri e Bertolucci. Dite ora quali film del "nuovo cinema italiano" tra quelli qui elencati hanno ricevuto l'*Oscar* in anni recenti.

Il grande Blek	di Giuseppe Piccioni (1987)
Nuovo Cinema Paradiso	di Giuseppe Tornatore (1989)
L'aria serena dell'Ovest	di Silvio Soldini (1990)
Mediterraneo	di Gabriele Salvatores (1990)
Il portaborse	di Daniele Luchetti (1991)
Ladro di bambini	di Gianni Amelio (l992)
Il grande cocomero	di Francesca Archibugi (1993)
L'amore molesto	di Mario Martone (1995)
I buchi neri	di Pappi Corsicato (1995)
La vita è bella	di Roberto Benigni (1997)

....

Esercizio 5. LE DONNE NEL CINEMA

5.1

Il regista cinematografico, come succede in altre "professioni prestigiose" è di solito un uomo. Esistono tuttavia in Italia alcune ottime registe.

Siete in grado di rintracciarle tra i cognomi che vi diamo qui di seguito in ordine alfabetico?

Archibugi • Avati • Cavani • Lizzani • Loy
Mazzacurati • Monicelli • Risi • Rosi
Scola • Torre • Wertmuller • Virzì

1. ....
2. ....
3. ....
4. ....

5.2

La Piccola Treccani, la nuova opera della Enciclopedia Italiana, ha fatto un elenco delle attrici italiane di cinema a loro parere più brave. Per le prime cinque classificate, che vi diamo qui in ordine alfabetico, cercate di indovinare l'ordine di bravura attribuito dalla Treccani.

Claudia Cardinale • Gina Lollobrigida
Sofia Loren • Anna Magnani
Giulietta Masina

1. ....
2. ....
3. ....
4. ....
5. ....

Esercizio 6.

6.1

Riempite con il nome corretto di una città italiana ciascun titolo dei seguenti film:

.... *città aperta*

Miracolo a ....

.... *milionaria*

Dimenticare ....

Un americano a ....

L'oro di ....

Le quattro giornate di ....

Morte a ....

Esercizio 7.

7.1

Quale è la più importante rassegna di cinema internazionale in Italia?
....

In che città si tiene?
....

Quale premio compete al film vincente?
....

Qual è il significato di questo simbolo?
....

Esercizio 8.

8.1

A Roma esiste un mitico luogo in cui sono stati finora girati centinaia di film italiani e stranieri.
Come si chiama?

☐ Tuttocittà   ☐ Cineforum   ☐ Cinecittà

Esercizio 9.

9.1

Leggete questi accenni di trame di importanti film italiani. Cercate di stabilire a quali film si riferiscono; se non ci riuscite scegliete i titoli fra quelli dati più sotto alla rinfusa.

1. In sei episodi che si svolgono in Sicilia, a Napoli, a Roma, a Firenze, sugli Appennini e alle foci del Po, sono raccontati gli orrori degli ultimi mesi della seconda guerra mondiale.

...., 1946

2. Un operaio disoccupato ottiene un lavoro solo perché possiede una bicicletta. Quando gliela rubano, preso dalla disperazione, ne ruba un'altra a sua volta ma viene scoperto e malmenato dal proprietario davanti al suo bambino.

...., 1948

3. Gelsomina viene venduta al girovago Zampanò che la tratta brutalmente. Piano piano la ragazza si affeziona a un altro uomo dolce e poetico che si chiama il Matto e che Zampanò, per gelosia e incomprensione, uccide.

...., 1954

4. Durante il Risorgimento, la contessa Serpieri parteggia per la causa dell'indipendenza italiana ma si innamora di un giovane ufficiale austriaco che sta facendo di tutto per non andare in guerra. Quando si accorge che il suo amante la tradisce, la contessa lo denuncia alle autorità militari e lo fa fucilare.

...., 1954

5. Un barone siciliano ama la giovane cugina ma prima di poterla sposare deve, in qualche modo, liberarsi di sua moglie. In un paese che all'epoca non ha ancora il divorzio, fa ricorso al "delitto d'onore", le trova cioè un amante e poi, fingendo di essere geloso, la uccide.

...., 1962

6. Il giovane Gavino è costretto dal padre a fare il pastore sulle montagne della Sardegna nel più completo isolamento. Solo dopo il servizio militare sul "continente", il ragazzo troverà la forza di ribellarsi a quella vita e cominciare a studiare.

...., 1977

Senso di Luchino Visconti • *Paisà* di Roberto Rossellini
Padre padrone di Paolo e Vittorio Taviani
Ladri di biciclette di Vittorio De Sica
Divorzio all'italiana di Pietro Germi • *La strada* di Federico Fellini

Esercizio 10.

10.1

Dite a quali film appartengono le famosissime scene descritte qui e quali attori le interpretano.

1. una donna corre disperatamente dietro un camion pieno di uomini rastrellati dalle SS tedesche.

   .... con ....

2. un giovanotto dà il suo latte al gatto e si butta su un piatto di maccheroni e un bicchiere di vino.

   .... con ....

3. una donna bellissima fa il bagno, di notte, nella fontana di Trevi, a Roma.

   .... con ....

4. una giovane donna con un vestito da sera, bianco, scollato e lungo fino a terra, balla il valzer con un uomo in età al centro di un salone affollato.

   .... con ....

5. nella notte, arriva dal mare un transatlantico tutto illuminato.

   ....

Esercizio 11. I TITOLI

11.1

Alcuni titoli di film italiani non sono immediatamente comprensibili per motivi linguistici o "culturali" Provate a dire che cosa significano quelli che seguono.

1. *Il titolo del film* Paisà *è un modo usato nel Meridione per rivolgersi ad altre persone. Che cosa significa la parola?*

   ....

2. *Il titolo del film dei fratelli Taviani* Allonsanfan *è la trascrizione in italiano della pronuncia di una notissima espressione in francese. Qual è?*

   ....

3. *Il titolo del film di Bernardo Bertolucci* La comare secca *(che in romanesco significa "la signora magra") che cosa rappresenta a Roma?*

   ....

4. Il titolo del film Ladri di saponette di Maurizio Nichetti è ricalcato sul titolo di un altro film italiani molto famoso. Qual è?

....

5. Il titolo del film Ultrà di Ricky Tognazzi è collegato al mondo dei tifosi del calcio. Che tipo di tifosi sono?

....

6. Il titolo del film di Sandro Baldoni Consigli per gli acquisti, qui usato ironicamente, è una espressione "eufemistica" che da qualche tempo ne sta sostituendo un'altra. Quale?

....

Esercizio 12. CINEMA E LINGUA

12.1

La diffusione del cinema ha portato anche a un arricchimento del lessico specifico. Rispondete alle domande che seguono con termini ed espressioni tipiche di questo campo.

1. Per indicare "la televisione" usiamo anche l'espressione "il piccolo schermo". Come indichiamo invece il cinema?

....

2. Come si chiamava il cinema precedente all'invenzione del "sonoro"?

....

3. Di che colore erano "i telefoni" nei film italiani con protagonisti ricchi e case lussuose degli anni trenta?

....

4. Con quale parola un regista dà l'ordine di cominciare a girare una scena?

....

5. Che tipo di film è stato chiamato "spaghetti western"?

....

6. Che tipo di cinema è chiamato oggi "neo-neo realista"?

....

7. Oltre che con la parola inglese "star" o con il suo equivalente italiano "stella", come vengono chiamati gli attori di cinema particolarmente belli, famosi e amati dal pubblico?

....

8. Quale tipo di sala cinematografica si chiama "arena"?

....

9. Quale tipo di sala cinematografica si dice "a luci rosse"?

....

10. Come si chiama chi sostituisce gli attori principali nelle scene difficili o pericolose?

....

NUDO
COME UN VERME

NUDO COME UN VERME

La costruzione della Torre di Babele ha portato alla confusione delle lingue. Questo l'abbiamo tutti accettato e non ci sorprende che i termini per riferirsi ai tratti e agli aspetti del mondo siano diversi per i diversi gruppi di parlanti. Accettiamo invece con minore facilità che differiscano, a seconda della cultura in cui vengono usate, anche le forme della comunicazione non verbale: quegli integratori linguistici che consistono in espressioni del viso, posizioni delle braccia e delle mani, movimenti del corpo, ecc.

Possono nascere e sono nati grossi equivoci a causa di gesti, a torto reputati di significato universale, che invece non vengono compresi o sono addirittura fraintesi fuori da un ambito delimitato. Lo stesso movimento verticale con la mano a borsa che in Italia ha il significato di "e allora, che c'è?, che cosa vuoi da me?", accompagnato da 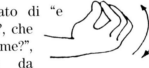 una connotazione di impazienza e di fastidio, in molti paesi mediterranei è assolutamente neutrale e vuole dire solo "aspetta un momento!" In Grecia, per "dire" *no*, si butta la testa un po' all'indietro, alzando gli occhi al cielo. Nonostante si usi anche da noi in alcune zone del Meridione, questo gesto non trova corrispettivo verbale nella nostra lingua: per raccontare che qualcuno ha negato o ha rifiutato noi diciamo "ha scosso la testa, il capo", descrizione linguistica del movimento orizzontale da destra a sinistra della testa che la maggior parte di noi compie a questo scopo. Vale la pena quindi di verificare che le numerose descrizioni che "raccontano" i nostri gesti – "inarcare le sopracciglia", "chinare il capo", "stringers nelle spalle" ecc. – siano interpretate anche da altri nelle loro corrette intenzioni (quelle di esprimere "meraviglia", "imbarazzo o sottomissione", "rinuncia o impotenza"). Ciascuno di noi è dentro di sé convinto che la percezione del mondo sua personale o del suo gruppo di appartenenza sia la migliore in assoluto o anche l'unica accettabile, per cui troviamo curioso che anche nelle "comparazioni cristallizzate" così frequenti negli usi linguistici ("bello come il sole", "buono come il pane"), il termine del paragone usato dagli altri non sia quello a cui siamo abituati. Se un anglofono, buon parlante della nostra lingua, dice "nudo come un neonato" non gli contestiamo l'assoluta nudità del bambino appena venuto al mondo ma tendiamo comunque a considerar l'espressione "sbagliata" giacché per noi chi è "nudo" è "nudo come un verme" non, come per gli ungheresi, "nudo come una lumaca". Da noi, il tratto caratterizzante della lumaca non è la vera o supposta nudità ma, come ognuno sa, la proverbiale lentezza che condivide con la tartaruga. In ebraico si dice "sani come un toro" ma non in italiano giacché noi sappiamo bene che "sani" oltre che "muti" sono i pesci mentre del toro rileviamo la forza: "forte come un toro". Consideriamo forte anche il leone infatti diciamo "forza leonina"; nel regno vegetale il paragone obbligato per la forza è con la quercia, anche se questa volta più per la resistenza agli urti che per spinta propulsiva.

Tra i due eroi che a casa nostra hanno maggior fama in tema di forza, la frase fatta che è rimasta riguarda Ercole, semidio della mitologia classica, di forza, appunto, "erculea". Mentre non ci ha lasciato tracce linguistiche in questo senso il Sansone della Bibbia che con le nude mani poteva far crollare i templi e che citiamo molto per altri propositi. Di lui sappiamo, ad esempio, che la sua forza era localizzata nei capelli. Ha infatti tradizione antica, ma anche qui non omogenea, l'abitudine a localizzare in varie parti del corpo umori e qualità dell'uomo: in inglese, avere lo "spleen" (la milza) vuol dire essere malinconico ma non in italiano. In italiano invece, "avere fegato" significa "avere coraggio", chi "non ha testa" "è molto distratto e non ci si può contare", chi "ha mano" per il disegno vuol dire che "disegna bene".

Se passiamo ai colori, scopriamo che in italiano, chi arrossisce in seguito a una forte emozione, non si può paragonare a "una ciliegia" che pure è certo rossa: il paragone va fatto con "un pomodoro" oppure con "un peperone", nonostante i peperoni siano più spesso di colore verde o giallo; scopriamo anche che, diversamente da altri gruppi linguistici, noi percepiamo il colore di chi si è molto abbronzato, al mare o in montagna, come decisamente "nero".

Ma "nero" è anche l'umore di chi non ha motivi per sorridere, "nera" la pecora che non si comporta come le altre del gruppo e quindi male, "nera" la giornata in cui va tutto storto (il "lunedì nero" della Borsa quando crollarono i titoli, il "venerdì nero" in cui il traffico si fermò). Dire di qualcuno o qualcosa che "porta nera" vuol dire che "porta sfortuna" e infatti guai a chi attraversa la strada in cui sia appena passato un "gatto nero". Forse nei paesi asiatici dove il colore del lutto è il bianco, questa visione negativa del "nero" non apparirà così ovvia. Tornando a noi, vede invece la vita "in rosa" (o attraverso "occhiali rosa") chi è ottimista e allegro e si aspetta, appunto, un "avvenire roseo" davanti a sé.

Per quanto riguarda i rumori che ci circondano, possiamo supporre che un gallo canterà allo stesso modo anche al di là dei confini linguistici delle diverse comunità, eppure i francesi ricostruiscono il suo canto con "cocoricò", alquanto diverso da quel che sentono gli inglesi: "cockadoodledoo" e dal "chicchirichì" che sentiamo noi. Anche lo starnuto umano in inglese risulta "a-ti-shoo!" (che leggiamo "etsciù") e in spagnolo "atchiss", invece del nostro "etcì".

Esercizio 1.

1.1

Nelle frasi che seguono sono state sottolineate le espressioni che descrivono in parole gesti e movimenti del viso e del corpo. Per ciascuno, dite quale emozione o comunicazione rappresenta e se ha lo stesso significato nella vostra cultura (SÌ/NO).

	SÌ	NO
1. Quando capì di aver sbagliato, *si mise le mani nei capelli.* *per esprimere che cosa?*	☐	☐
2. Alla mia domanda, lui *scosse la testa.* *in segno di che cosa?*	☐	☐
3. Alla fine della discussione, ho dovuto *alzare le braccia.* *in segno di che cosa?*	☐	☐
4. Di fronte alla nostra proposta, *hanno arricciato il naso.* *per esprimere che cosa?*	☐	☐
5. Mentre parlavo, lei *alzava gli occhi al cielo.* *per esprimere che cosa?*	☐	☐
6. Non diceva niente, però *aggrottava la fronte.* *in segno di che cosa?*	☐	☐
7. Gli ho spiegato tutta la situazione e lui *si grattava la testa.* *per esprimere che cosa?*	☐	☐
8. Quando gli abbiamo chiesto aiuto, lui *ha allargato le braccia.* *per esprimere che cosa?*	☐	☐
9. Quando gli abbiamo raccontato i fatti, *è rimasto a bocca aperta* *in segno di che cosa?*	☐	☐
10. Mentre le parlavo, lei *si mordeva le labbra.* *in segno di che cosa?*	☐	☐
11. Alle nostre richieste, *hanno storto la bocca.* *per esprimere che cosa?*	☐	☐
12. Quando gli altri parlano fra loro, lui *allunga sempre le orecchie.* *in segno di che cosa?*	☐	☐

1.2

Se vi capita di sentire o di leggere le seguenti comunissime frasi, quali espressioni del viso o movimenti del corpo immaginate che siano stati compiuti?

1. Si è fatto il segno della croce. ....
2. Ha fatto gli scongiuri. ....
3. Mi ha fatto cenno di aspettare. ....
4. Tutti hanno applaudito. ....
5. Dava segni di impazienza. ....
6. Gli ha fatto segno di stare zitto. ....
7. Lo ha guardato interrogativamente. ....
8. Gli ha mandato un bacio. ....
9. Gli ha fatto ciao con la mano. ....
10. Gli ha fatto segno di avvicinarsi. ....

Esercizio 2.

2.1

Dite quali caratteristiche, doti o abilità sono localizzare, secondo gli italiani nelle seguenti parti del corpo e se è lo stesso nella vostra lingua.

	SÌ	NO
ha orecchio	☐	☐
ha occhio	☐	☐
ha naso	☐	☐
ha mano	☐	☐
ha polso	☐	☐
ha cervello	☐	☐
ha cuore	☐	☐
ha fegato	☐	☐
ha stomaco	☐	☐
ha culo	☐	☐
ha i coglioni	☐	☐

3.1

Dite con quali *animali* sono normalmente associate in italiano le seguenti qualità e se succede lo stesso nella vostra lingua.

	SÌ	NO
noioso *come*	☐	☐
nudo *come*	☐	☐
muto *come*	☐	☐
grasso *come*	☐	☐
solo *come*	☐	☐
lento *come*	☐	☐
curioso *come*	☐	☐
sano *come*	☐	☐
coraggioso *come*	☐	☐
cieco *come*	☐	☐
testardo *come*	☐	☐
furbo *come*	☐	☐
pazzo *come*	☐	☐

3.2

Molto spesso usiamo metaforicamente nomi di animali per indicare tratti caratteristici delle persone. Diciamo "è un coniglio" di un uomo poco coraggioso, "è uno squalo" di chi è privo di scrupoli in affari, "è uno scorfano" (un pesce) di chi è molto brutto, "è un'ostrica" di chi è chiuso e riservato, "è un pollo" di chi è molto ingenuo e si lascia facilmente "spennare". Dite ora che significato hanno i seguenti nomi di animali che non sono riferiti a persone.

Specialmente dopo la trasmissione di un fortunatissimo sceneggiato televisivo intitolato La piovra, *che cosa si intende spesso con questo nome di animale?*

....

Che cosa vuol dire "coccodrillo" nella frase che segue: "Dopo la sua morte, gli hanno fatto il solito coccodrillo?

....

Da quale diceria e conseguente modo di dire deriva questo significato di "coccodrillo"?

....

Che cosa vuol dire "ha preso una papera"?

....

Che cosa vuol dire "ha preso un granchio"?

....

Che cosa vuol dire "è una bufala"?

....

3.3

Collegate con frecce le azioni della colonna A e gli animali della colonna B con cui di solito sono associate.

A	B
mangiare *come*	un grillo
mangiare *come*	un usignolo
piangere *come*	un ghiro
correre *come*	un bue
saltare *come*	un uccellino
cantare *come*	un vitello
dormire *come*	una lepre

Avete visto che con il verbo "mangiare" si possono formare due paragoni diversi.
Ripeteteli qui e dite che cosa significa l'uno e l'altro.

mangiare come ....

vuol dire mangiare...

mangiare come ....

vuol dire mangiare...

3.4

Completate con il nome dell'*animale* corretto le seguenti espressioni.

Abbiamo risolto tutte le nostre difficoltà e adesso siamo a...

Sta malissimo: ha una febbre da...

Quel ragazzo ha una memoria da ....

Non mangio da stamattina e ho una fame da...

Nevica e tira vento: proprio un tempo da ....

È una vita durissima, proprio una vita da...

Capisce poco: non è un' ....

Ci vede benissimo: ha veramente un occhio di ....

Prima parlava volentieri con noi ma adesso si è chiuso a...

Esercizio 4. L'ASINO

4.1

Nelle nostre campagne l'asino non esiste quasi più. Ma in passato ha avuto grande celebrità in tutto il paese, è stato protagonista di fiabe, libri, apologhi e al centro di proverbi e modi di dire. Una prova della sua passata popolarità sono gli almeno altri due nomi con cui è chiamato in italiano standard.
Quali sono?

....

In quasi tutto il meridione l'asino è chiamato anche con un altro nome.
Quale?

....

4.2

Con quali di questi verbi si indica il verso dell'asino?

☐ muggire   ☐ nitrire   ☐ belare
☐ abbaiare   ☐ miagolare   ☐ ragliare

In quale di queste ricostruzioni di versi di animali identifichiamo il verso dell'asino?

☐ bee bee   ☐ hi ho hi ho   ☐ muu muu   ☐ bau bau

4.3

Leggete questo dialogo tra la marmottina e Pinocchio tratto da *Le avventure di Pinocchio* di Collodi e rispondete alle domande.

Marmottina: Sappi dunque che fra due o tre ore tu non sarai più né un burattino né un ragazzo.

Pinocchio: E che cosa sarò?

Marmottina: Fra due o tre ore tu diventerai un ciuchino vero e proprio, come quelli che tirano il carretto e che portano i cavoli e l'insalata al mercato.

Pinocchio: Oh, povero me! Povero me!

Marmottina: Caro mio, che cosa ci vuoi tu fare? Oramai è destino. Oramai è scritto nei decreti della sapienza che tutti quei ragazzi svogliati che, pigliando a noia i libri, la scuola e i maestri passano le loro giornate in balocchi, in giochi e divertimenti, debbono finire prima o poi col trasformarsi in tanti piccoli somari.

In che animale si trasformerà tra poco Pinocchio? ....

Per quale motivo gli succede questo?

....

Quale significato metaforico ha l'asino (o somaro o ciuco)?

....

4.4

Nei nostri vecchi ricordi di scuola – oggi non si fa più ma la frase è rimasta – c'era "il banco degli asini", in fondo alla classe.

Chi si mandava, per punizione, a sedere in questo banco?

....

Che cosa significa la frequente espressione, non elogiativa, "è un asino calzato e vestito"?

....

Che cosa vuole dire il proverbio "meglio un asino vivo che un dottore morto"?

....

Che cosa vuole dire il proverbio "raglio d'asino non sale al cielo"?

....

4.5

Secondo Esopo, l'antico narratore greco di favole popolate da animali, l'asino aveva caratteristiche diverse: era vendicativo e vigliacco. Finché il leone era potente, lui si inchinava al suo passaggio ma quando lo trovò in punto di morte, senza più forze, gli tirò addosso un gran calcio.

Che cosa si intende oggi con l'espressione "il calcio dell'asino"?

....

....

Esercizio 5. I COLORI

In questi esercizi sui colori rispondete alle domande aperte, riempite gli spazi lasciati vuoti e scegliete fra le alternative proposte.

5.1

Di che colore diventiamo

per il freddo?

....

per la vergogna?

....

per l'invidia?

....

per lo spavento?

....

5.2

Per quale motivo uno diventa "rosso come un pomodoro" oppure "come un peperone"?

....

Per quale motivo uno diventa "rosso come un gambero" oppure "come un'aragosta"?

....

Quando si dice di qualcuno che è "bianco come il latte" oppure "come una mozzarella"?

....

Per quale motivo uno diventa "bianco come un lenzuolo" oppure "bianco come un cencio"?

....

Quando si dice che qualcuno è "bianco e rosso come una mela"?

....

Quando si dice che qualcuno è "giallo come un limone"?

....

5.3

Riempite con il termine di paragone corretto questo verso di una canzonetta molto conosciuta in cui un ammiratore commenta l'abbronzatura estiva di una ragazza.

sei diventata nera, nera, nera
sei diventata nera come ....!

Quali fra le cose qui elencate formano altri termini di paragone fisso per il colore "nero"?

nero *come*
- ☐ la pece
- ☐ la notte
- ☐ un corvo
- ☐ una formica
- ☐ il diavolo
- ☐ l'inferno
- ☐ la guerra

5.4

Secondo alcune superstizioni, quale colore porta sfortuna?

....

Quale è il colore del lutto?

....

Qual è il colore della speranza?

....

Qual è il colore della passione?

....

Qual è il colore dell'ottimismo?

....

Qual è il colore della purezza?

....

5.5

Che cosa sono le Fiamme Gialle? ....

Che cos'è la cronaca nera? ....

Che cos'è una settimana bianca? ....

Che cos'è un numero verde? ....

Che cos'è un libro giallo? ....

Che cos'è il Telefono Azzurro? ....

Che cos'è un romanzo rosa? ....

Che cosa sono le Pagine Gialle? ....

Che cosa sono le auto blu? ....

Che cos'è un fiocco celeste? ....

Che cos'è l'umore nero? ....

Che cos'è un bambino blu? ....

Che cosa sono gli azzurri? ....

Che cosa sono i verdi? ....

Che cos'è la maglia rosa? ....

Che cos'è una pecora nera? ....

Che cos'è il Telefono Rosa? ....

6.1

Osservate il seguente annuncio della "Associazione italiana per la ricerca sulla sordità" in cui compaiono alcune nostre ricostruzioni dei suoni che ci circondano. Abbinate ciascuna con la sua spiegazione che trovate più sotto tra quelle disposte alla rinfusa.

accelerazione di un motore ....

verso del gatto ....

suono delle campane ....

verso del pulcino ....

il rumore del treno ....

il verso del cane ....

il rumore di un orologio ....

il verso della gallina ....

6.2

Collegate con frecce le seguenti riproduzioni di rumori (colonna A) con la fonte da cui, secondo gli italiani, hanno origine (colonna B).

A	B
1. bum	lo squillo del telefono, della sveglia
2. ciccicì	rumore di spari
3. cip cip	rumore di qualcuno che bussa alla porta
4. cri cri	rumore di chiacchere
5. driiin	segnale di occupato del telefono
6. gnam gnam	caduta di un corpo pesante
7. glu glu	un taglio secco
8. patatrac	rumore di acqua che scende
9. patapunfete	rumore di un crollo
10. pim pum pam	rumore di qualcuno che mastica
11. sciò sciò	rumore leggero di vetri che si toccano
12. tin tin	il verso del grillo
13. toc toc	rumore di una esplosione
14. tuu tuu tuu	cinguettiìo di uccellini
15. zac/zacchete	voce per allontanare le galline

6.3

Nelle frasi seguenti inserite i rumori corretti:

Ho sentito un .... ma non c'era nessuno alla porta.

Lo prese per i capelli e, ..., glieli tagliò tutti.

La domenica si sente ancora il .... delle campane.

Siamo stati svegliati dal .... di una sparatoria.

Odio il .... della sveglia.

Nel silenzio si sentiva solo il .... dell'orologio.

D'estate, mi piace sentire il .... dei grilli.

Andava tutto bene e poi, ..., è crollato tutto.

CHIAVI

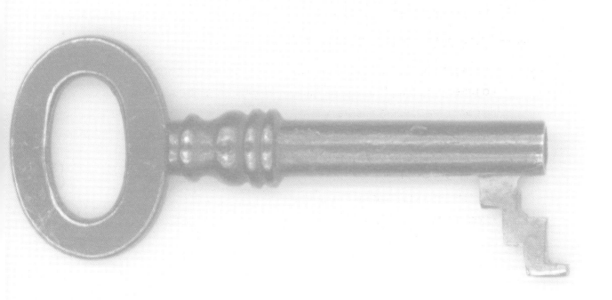

FRATELLI D'ITALIA

Esercizio 1. L'ITALIA

1.1 di stivale / lo Stivale
1.2 il n. 1; il n. 2 è la Marianna che rappresenta la Francia, il n. 3 è la Statua della Libertà, simbolo degli Stati Uniti d'America
1.3 bianco, rosso e verde / il tricolore
1.4 *Fratelli d'Italia* / l'Inno di Mameli

Esercizio 2. LA GEOGRAFIA

2.1 il Bel Paese / gli Appennini, le Alpi / il Mar Egeo / il Mediterraneo
2.2 la Germania
2.3 "dalle Alpi alla Sicilia" / la penisola
2.4 1. la Repubblica di San Marino, 2. lo Stato della Città del Vaticano / il Papa / circa 60

Esercizio 3. LE ISTITUZIONI

3.1 il Risorgimento (il Rinascimento è un movimento artistico che inizia verso la fine del Trecento e dà l'avvio alla civiltà moderna, la Resistenza è un movimento di lotta politico-militare contro l'occupante tedesco durante la seconda guerra mondiale) / nel 1861 / Garibaldi (si dice scherzando che in Italia è proibito parlare male di lui) / Garabalda fa farata, fa farata ad ana gamba, Garabalda cha camanda, cha camanda a sa saldà
3.2 nel 1946 / il n. 4 (il n. 1 è una citazione ottocentesca da *I miei ricordi* di Massimo D'Azeglio, il n. 2 è un verso delle canzone *Viva l'Italia* del cantautore Francesco De Gregori, il n. 3 è il verso iniziale della *Canzone all'Italia* del poeta Francesco Petrarca, il n. 5 è un verso della *Divina Commedia* di Dante Alighieri, Purg. VI,80, il n. 6 è un verso della canzonetta *La terra dei cachi* del complesso Elio e le storie tese)
3.3 la Camera / il Senato / onorevole / la Quercia

Esercizio 4. LE REGIONI

4.1 20 / Valle d'Aosta, Piemonte, Liguria, Lombardia, Veneto, Trentino Alto Adige, Friuli Venezia Giulia, Emilia Romagna, Toscana, Marche, Umbria, Lazio, Abruzzo, Molise, Campania, Puglia, Basilicata, Calabria, Sicilia, Sardegna / in ordine geografico da nord-ovest a sud-est
4.2 Abruzzo - L'Aquila, Basilicata - Potenza, Calabria - Reggio Calabria, Campania - Napoli, Emilia Romagna - Bologna, Friuli Venezia Giulia - Trieste, Lazio - Roma, Liguria - Genova,

Lombardia - Milano, Marche - Ancona, Molise - Campobasso, Piemonte - Torino, Puglia - Bari, Sardegna - Cagliari, Sicilia - Palermo, Toscana - Firenze, Trentino Alto Adige - Trento, Umbria - Perugia, Valle d'Aosta - Aosta, Veneto - Venezia / in ordine alfabetico
4.3 la Sicilia / la Calabria / la Puglia / la Valle d'Aosta / la Sicilia / l'Umbria / il Piemonte, la Lombardia e la Liguria
4.4 il Piemonte / il Trentino Alto Adige / la Puglia / la Sardegna / la Sicilia

Esercizio 5. LE CITTÀ

5.1 Roma / la città dei fiori / la lupa / alla leggenda di Romolo e Remo (Romolo, il futuro fondatore di Roma e il suo gemello Remo, appena nati, furono abbandonati nei boschi a morire di fame. Ma una lupa ebbe pietà di loro e li nutrì col suo latte facendoli crescere sani e forti)
5.2 Milano / perché è una città industriale e molto produttiva / la *Madonina* / una piccola Madonna / dal Duomo
5.3 Roma / Roma / Napoli
5.4 Roma, Milano, Napoli, Torino, Palermo, Genova
5.5 Venezia / Parma / Firenze / Bologna / Siena / Pompei
5.6 il sindaco, cioè il capo dell'amministrazione comunale / una fascia tricolore
5.7 di mare: Alassio, Capri, Rimini, Positano, Portofino, Riccione / di montagna: Abetone, Cervinia, Cortina, Courmayeur, Ortisei, Terminillo / stazioni termali: Abano, Fiuggi, Montecatini, Salsomaggiore
5.8 Fabriano - carta, Murano - vetri, Burano - merletti, Sorrento - corallo, Sulmona - confetti, Vietri - ceramiche, Siena - panforte, Firenze - paglia

Esercizio 6. I LUOGHI

6.1 il Campidoglio - il Comune di Roma, il Quirinale - la Presidenza della Repubblica, il Viminale - il Ministero dell'Interno, Palazzo Madama - Senato, Palazzo Chigi - la Presidenza del Consiglio, Montecitorio - la Camera dei Deputati, Palazzo Marino - il Comune di Milano, Piazza Affari - la Borsa (a Milano), la Farnesina - Ministero degli Affari Esteri (in realtà il M.A.E. non vi risiede più ma il nome è rimasto), Palazzo Vecchio - il Comune di Firenze, le Botteghe Oscure - l'ex Partito Comunista, ora D.S., Pirellone - la Regione Lombardia / la Presidenza della Repubblica / in genere i centri di potere

6.2 prendere una decisione importante / togliere dalla lingua che si usa gli influssi dialettali / umiliarsi per chiedere perdono / non voler più partecipare al gioco politico / trovarsi in un luogo senza importanza o sconosciuto / subire una disastrosa rovina

6.3 1. un luogo naturale bellissimo e incontaminato / 2. un luogo di grande abbondanza soprattutto alimentare dove non è necessario lavorare / 3. ricchezze e delizie di ogni genere; è finita la fortuna e l'abbondanza / 4. un luogo dove ci si diverte sempre e non si lavora mai

Esercizio 7.

7.1 la Radio Televisione Italiana / la compagnia aerea di bandiera / la lira

Esercizio 8. L'ARTE

8.1 la *Primavera* di Botticelli (si trova agli Uffizi di Firenze) / 2. la *Gioconda* di Leonardo (che noi non chiamiamo *Monna Lisa*, si trova al Louvre) / 3. il *David* di Michelangelo (si trova nella Galleria dell'Accademia a Firenze) / 4. la *Venere* di Botticelli (si trova agli Uffizi) / 5. il *Mosè* di Michelangelo (si trova nella chiesa di San Pietro in Vincoli di Roma) / 6. il *Bacco adolescente* di Caravaggio, si trova agli Uffizi / 7. *Paolina Bonaparte Borghese* di Antonio Canova (si trova nella Galleria Borghese di Roma)

8.2 Federico da Montefeltro, Piero della Francesca / Urbino, Marche

Esercizio 9. LA TORRE DI PISA

9.1 la Torre di Pisa, a Pisa, in Toscana, la Torre di Pisa è pendente / a

9.2 la Torre, la Cattedrale, il Battistero / perché fin dall'inizio il terreno dava segni di cedimento / nel 1350 / 56 / Giotto

Esercizio 10. LA FONTANA DI TREVI

10.1 a Roma / i turisti / perché si racconta che chi getta monete nella fontana di Trevi ritornerà a Roma; un'altra versione dice che sarà fortunato e felice / il regista Luigi Magni / della seconda guerra mondiale / *Three Coins in the Fountain* (*Tre soldi nella fontana*) / di Jean Negulesco, 1954

10.2 di comperare la fontana da lui a caro prezzo

10.3 nel film *La dolce vita*

Esercizio 11.

11.1 Roma / Piazza Navona / una fontana monumentale / la Fontana dei Quattro Fiumi / il Bernini / nel 1651 / perché ogni statua rappresenta un fiume / il Nilo, il Gange, il Danubio, il Rio della Plata / è stata rotta la coda del drago sotto la statua del Danubio / tre / balordi, vandali, idioti, teppisti / polemiche sulla sorveglianza e protezione dei monumenti / indignata / un milione di lire

Esercizio 12. IL COLOSSEO

12.1 perché *tutti* sanno che il Colosseo si trova a Roma / quando non chiude la porta dietro di sé, infatti al Colosseo non ci sono porte / la persona che fa la migliore figura in una determinata situazione

Esercizio 13.

13.1 una strada / lungo il Tevere / a Roma / del Lungotevere Michelangelo / tra Ponte Matteotti e Ponte Margherita / il Comune di Roma / Campidoglio / perché il comune di Roma si trova in Piazza del Campidoglio / Fellini / un grandissimo artista del Cinquecento / Buonarroti / perché è il suo cognome che non si usa molto spesso / un famoso regista cinematografico / il Tribunale Amministrativo Regionale / perché il nome di Michelangelo ha grande prestigio e rilievo / ? / ? / di Michelangelo

Esercizio 14.

14.1 Caravaggio

SCHERZA COI FANTI

Esercizio 1. SAN FRANCESCO

1.1 ad Assisi / a Gubbio / in Umbria

1.2 il poverello d'Assisi / molto semplici / andare a piedi / nacque al mondo un sole

Esercizio 2. IL DIAVOLO

2.1 da Arezzo / in Toscana / Belzebù / la situazione è migliore di quel che si temeva

2.2 con simpatia

2.3 il Maligno / in estrema periferia / essere molto arrabbiati / un forcone

ESERCIZIO 3. PASQUA E NATALE

3.1 da eliminare: San Pietro, da aggiungere: l'asinello

3.2 un ramoscello d'ulivo

3.3 mangiare carne

3.4 si fa una piccola gita fuori città

3.5 Natale

3.6 lungo come la Quaresima (che dura quaranta giorni ma, essendo un periodo di penitenza, sembra anche più lunga), felice come una Pasqua

Esercizio 4. I SANTI

4.1 un cane (6), un festival di musica leggera (8), un vino (3), una prigione (9), un teatro (2), un ospedale (7), un quartiere (15), una chiesa (1), una località (5), un prosciutto (11), una canzone (4), un quadro (12), un giorno dell'anno (10), una comunità terapeutica (14), uno stadio sportivo (13)

4.2 Santa Lucia protegge la vista, San Giuseppe protegge i falegnami (o gli artigiani), Sant'Antonio aiuta a ritrovare gli oggetti smarriti, San Cristoforo protegge gli automobilisti, San Crispino protegge i calzolai, Santa Barbara protegge le Forze Armate, San Biagio protegge la gola, Santa Cecilia protegge la musica, San Giovanni Baylon protegge i pasticceri (secondo qualcuno protegge le donne, probabilmente perché "Baylon" fa quasi rima con "donne"), Santa Rita aiuta nelle situazioni impossibili

4.3 la pazienza / un'aureola

4.4 l'acqua benedetta da un prete / un tipo di vino dolce / il sacramento dell'Estrema Unzione che si impartisce in punto di morte / un grandissimo aiuto / il Papa / il Vaticano

Esercizio 5.

5.1 una grande confusione / un grande aiuto / abbiamo fatto una gran festa / sono diversissimi / deve avere molte raccomandazioni / il mio tormento / benissimo / una persona eccezionale

Esercizio 6.

6.1 *Castello* Eurialo, *Fortezza* di Albornoz, *Palazzo* Pitti

Esercizio 7.

7.1 La farina del diavolo va tutta in crusca, Scherza coi fanti e lascia stare i santi, Morto un papa, se ne fa un altro, Tutti i salmi finiscono in gloria, Le vie del Signore sono infinite, Non si muove foglia che Dio non voglia / 1. f, 2. a, 3. b, 4. e, 5. d, 6. c

IL CACIO SUI MACCHERONI

Esercizio 1.

1.1 una caffettiera / tre / nella parte in basso chiamata caldaia / nel filtro / tre secoli fa / dall'Oriente / a Firenze / nel 1933 / il signor Alfonso Bialetti / la "macchinetta" (per il caffè) / 250 milioni / al MOMA di New York / l'omino con i baffi / "Sì, sì, sì, sembra facile"

1.2 la tazzina di caffè al bar / sporco / caffè e latte, al bar / un liquore

1.3 un "caffè" inteso come locale / un "caffè" inteso come bevanda

Esercizio 2.

2.1 nel Lazio / perché nella tarda latinità il latino era una lingua di comunicazione fra paesi diversi

2.2 il fiume che attraversa Roma, un vino bianco prodotto a Frascati, una cittadina dei Castelli romani vicina a Roma, bene / Bacco, perché Bacco era un antico dio del vino, l'amore fisico, perché Venere era una antica dea della bellezza e dell'amore, male

Esercizio 3.

3.1 un cioccolatino / polvere di nocciola, cacao e zucchero / un periodo dell'anno in cui si fanno molte feste e si mangiano molti dolci / nel 1865 / a Torino / del Piemonte / da Gianduja, la maschera di Torino / ? / ?

Esercizio 4.

4.1 Quattroruote NO, Ciak, si gira NO, La cucina italiana SÌ, Gardenia NO, Bell'Italia NO, Quattrozampe NO, Il Gambero Rosso SÌ, Airone NO, Sale e pepe SÌ, Medioevo NO

Esercizio 5.

5.1 PASTA: libellule, FORMAGGI: stracciatella, SALUMI: mozzarella, INSALATE VERDI: millefoglie, ODORI: pesto, PANE: pandoro

Esercizio 6.

6.1 1 F / 2 F / 3 F / 4 V / 5 F / 6 V / 7 F / 8 V / 9 F / 10 V

Esercizio 7.

7.1 NATALE: panettone e torrone, CAPODANNO: spumante, CARNEVALE: frappe (questi dolci hanno molti nomi diversi a seconda delle regioni: si chiamano anche crostoli, cenci, galani ecc.), COMPLEANNO: torta con le candeline, PASQUA: colomba e uovo di cioccolato, MATRIMONIO: confetti, BEFANA (o EPIFANIA): carbone dolce

7.2 quando vi sposate? / i fiori d'arancio

Esercizio 8.

8.1 macedonia (D), saltimbocca (S), cappelletti in brodo (P), peperonata (C), crostata (D), lasagne al forno (P), ratatouille (C), tartufo (D), fegato alla veneziana (S), bollito misto (S), risotto (P), fagioli all'uccelletto (C)

8.2 aver toccato il limite, essere sul punto di non farcela più

Esercizio 9.

9.1 persone, patate, calde, grammi, centimetri (cm.), farina, acqua, gnocchi

Esercizio 10.

10.1 prodigo, avaro, saggio, pazzo.

Esercizio 11.

11.1 è un presenzialista, lo incontri dappertutto; rigida e poco disinvolta; di grandissimo aiuto; molto buono; uno sciocco; poco intelligente; privo di interesse; un omosessuale; molto noioso; bianco di pelle, poco muscoloso; senza valore; banale e confuso; disorganizzata, confusa; un guaio, un pasticcio

Esercizio 12.

12.1 che cosa sta succedendo in segreto?; era arrabbiato e impaziente; senza capacità di reagire; va' in malora!; essere impaziente e a disagio; rovinati; vecchia e ripetuta molte volte; tutto può servire; da solo, a rimuginare i suoi pensieri; ha due significati: è innamoratissimo oppure è molto stanco; tutto apparenza e niente sostanza; in tutti i modi possibili e immaginabili

TIREMM INNANZ

Esercizio 1. DANTE

.1 1A - 7B (Purg. III,107), 2A- 5B (Inf. II,52), 3A-4B (Inf. V,129), 4A -8B (Inf. II,9), 5A -2B (Inf. XXVI,119), 6A -1B (Inf. III,51), 7A -6B (Inf. III,96), 8A -3B (Inf. XXXIII,75)

Esercizio 2. IL LATINO

.1 1A, 2H, 3D, 4E, 5F, 6B, 7G, 8C

.2 1. ottimo, 2. con cautela, 3. molto tempo fa, 4. la difficoltà. Si racconta che nei tempi andati un chierico doveva tradurre dal latino l'espressione "in diebus illis" (in quei giorni) ma sbagliò a dividere le due parole e si trovò davanti "in die" (che vuol dire "nel giorno") e non riuscì più, ovviamente a comprendere il resto, cioè "busillis". È rimasto così l'uso di dire "qui sta il busillis" per dire "qui sta la difficoltà" 5. la persona di cui stavamo parlando 6. in pubblico 7. a pari merito 8. una vicenda difficile e dolorosa

Esercizio 3. LE FRASI CELEBRI

.1 Muoia Sansone e tutti i Filistei 2.Ecco i miei gioielli 3. Terra, terra! 4. Eppur si muove 5. Obbedisco 6. Il potere logora chi non ce l'ha.

Esercizio 4. L'ANTONOMASIA

4.1 un *adone* è un uomo bellissimo / un *centauro* è un motociclista / un *narciso* è chi è concentrato solo su se stesso / una *cassandra* è chi prevede o preannuncia sventure / una *circe* è una donna che seduce gli uomini per renderli schiavi / un *giuda* è un traditore / un *pico della mirandola* è chi ha memoria straordinaria

4.2 il gatto e la volpe (da *Le avventure di Pinocchio* di Collodi) / il grillo parlante (da *Pinocchio*) / travet (da *Le avventure di Monsù* di Bersezio) / azzeccagarbugli (da *I promessi sposi* di Manzoni) / rodomonte (dall'*Orlando innamorato* del Boiardo e l'*Orlando Furioso* dell'Ariosto) / carneade (da *I promessi sposi*) / gradasso (dall'*Orlando Innamorato*) / il piccolo scrivano fiorentino (da *Cuore* di De Amicis)

4.3 1. l'italiano medio / 2. la donna italiana che sta a casa e si occupa della famiglia / 3. una persona qualsiasi / 4. l'uomo che ogni donna sogna di sposare / 5. persona poco seria e senza carattere, persona vestita di molti colori discordanti / 6. l'operaio tipo (da un fumetto contemporaneo disegnato da Tullio Altan) / 7. uomo piccolo e grasso / 8. uomo alto e robusto / 9. bambino saputello e perbenista, bambino terribile che dice cose che non dovrebbe dire / 10. mangiare, bere, andare a spasso / 11. il cane / 12. il pappagallo

4.4 1. due gravi pericoli che si fronteggiano / 2. un mostro terribile che stava a guardia del regno dei morti / il custode del cerchio dei golosi nell'Inferno di Dante / una persona intollerante e sgarbata / 3. un compagno che ti porta sulla cattiva strada / quel falso amico, quel cattivo compagno

Esercizio 5. I TITOLI DI GIORNALE

5.1 1. L'*Orlando Furioso* di Ludovico Ariosto / *Il nome della rosa* di Umberto Eco / 2. "le donne. i cavalier, l'armi, gli amori" da l'*Orlando Furioso* di Ludovico Ariosto / "e naufragar m'è dolce in questo mare" da *L'infinito* di Giacomo Leopardi / "Carneade, chi era costui?" da *I promessi sposi* di Alessandro Manzoni / "ed è subito sera" da *Ed è subito sera* di Salvatore Quasimodo / 3. Tutto è bene quel che finisce bene

Esercizio 6. L'OPERA

6.1 Mimì, Violetta / Figaro / Massimo, Scala / loggione, platea / *Tosca*, *Madame Butterfly* / Beniamino Gigli, Enrico Caruso / mezzosoprano, contralto / Abbado, Muti

6.2 "che gelida manina" dalla *Boheme* di Giacomo Puccini / "cortigiani, vil razza dannata" dal *Rigoletto* di Giuseppe Verdi / "la donna è mobile" dal *Rigoletto*

Esercizio 7. LA MUSICA LEGGERA

7.1 Nel blu - canzonetta / Quel mazzolin - canzone di montagna / Jamme, jamme - canzone napoletana / Se otto ore - canto di protesta / Bella ciao - canzone partigiana / Tu scendi - canto natalizio / Quarantaquattro gatti - canzoncina per bambini / Ninna nanna - ninna nanna

7.2 a San Remo / di canzoncine per bambini / cantante di canzoni scritte e musicate da lui stesso / occorre un atteggiamento ottimistico per superare le difficoltà / bisogna cambiare l'andamento di una situazione / un tipo di pane sottilissimo che si fa in Sardegna / ugola d'oro / la mattina facendosi la barba / con la zampogna / ? ? ? ?

7.3 'o sole mio - Campania / lu cardillo - Abruzzo / i' vapore - Toscana / er Papa - Lazio / el papà - Trentino

SIAMO UOMINI O CAPORALI?

Esercizio 1. MASTROIANNI

1.1 una strada dove negli anni sessanta si svolgeva una intensa vita notturna fra alberghi, ristoranti e bar / a Roma / *La dolce vita* / *La dolce vita* di Federico Fellini, 1960, *Il bell'Antonio* di Mauro Bolognini, 1960, *Divorzio all'italiana*, di Pietro Germi, 1962, *Una giornata particolare* di Ettore Scola, 1977 / in *La dolce vita* / un impotente, un cornuto (cioè un marito tradito), un omosessuale / *Niente di grave: suo marito è incinto* di Jacques Demy, 1973 / un Latin lover / no

Esercizio 2. CARO DIARIO

2.1 un motorscooter italiano fabbricato dalla Piaggio / a Roma / perché è Ferragosto, in piena estate e tutti sono in vacanza / un analgesico per mal di testa, mal di denti ecc., / della generazione che ha fatto il '68, anno della contestazione studentesca al sistema / si pentono degli slogan violenti che alcuni gridavano / è sicuro di aver detto cose non violente e giuste / "sono uno splendido quarantenne" / 1. *Flashdance*, 2. *Henry pioggia di sangue* / 1. bene, 2. malissimo / Spinaceto (quartiere periferico), Garbatella, Villaggio Olimpico (costruito in occasione delle Olimpiadi del '60), Monteverde / uno scrittore, poeta e regista di cinema / a una trentina di chilometri da Roma, sul mare / il misero monumento si trova in una zona abbandonata e polverosa non lontana da Ostia, nel luogo dove Pasolini fu ammazzato nel 1975

2.2 l'albero di pino che si trova in una scena del film *Caro Diario* / gli girava intorno con la Vespa / a Roma, ai Parioli / i pompieri

Esercizio 3. I FRANCOBOLLI

3.1 *Mamma Roma*, 1962, con Anna Magnani, *Amici miei*, 1975 con Ugo Tognazzi / Pasolini, Monicelli / *Il ferroviere*, 1956 di e con Pietro Germi

Esercizio 4. GLI OSCAR

4.1 *Nuovo cinema Paradiso*, *Mediterraneo*

Esercizio 5. LE DONNE DEL CINEMA

5.1 Francesca Archibugi, Liliana Cavani, Roberta Torre, Lina Wertmüller

5.2 Sofia Loren, Anna Magnani, Gina Lollobrigida Giulietta Masina, Claudia Cardinale

Esercizio 6.

6.1 *Roma città aperta*, *Miracolo a Milano*, *Napoli milionaria*, *Dimenticare Venezia*, *Un americano a Roma*, *L'oro di Napoli*, *Le quattro giornate di Napoli*, *Morte a Venezia*

Esercizio 7.

7.1 La Mostra del Cinema / a Venezia / il Leone d'Oro / il Leone di San Marco è il simbolo di Venezia

Esercizio 8.

8.1 Cinecittà

Esercizio 9.

9.1 1. *Paisà* 2. *Ladri di biciclette* 3. *La strada* 4 *Senso* 5. *Divorzio all'italiana* 6. *Padre padrone*

Esercizio 10.

10.1 1. *Roma città aperta* di Roberto Rossellini con Anna Magnani / 2. *Un americano a Roma* di Steno con Alberto Sordi / 3. *La dolce vita* di Federico Fellini con Anita Ekberg / 4. *Il gattopardo* di Luchino Visconti con Claudia Cardinale e Burt Lancaster / 5. *Amarcord* di Federico Fellini dove arriva il transatlantico Rex

Esercizio 11.

11.1 1. compaesano (compatriota) 2. Allons enfants (inizio della *Marsigliese*) 3. la morte 4 *Ladri di biciclette* 5. fanatici, estremisti 6. pubblicità

Esercizio 12.

12.1 1. il grande schermo 2. muto 3. bianchi 4 ciak 5. film tipo western ma girati da regis italiani 6. film contemporanei che affrontano problemi sociali e politici con semplicità di linguaggio 7. divi 8. sale all'aperto durante l'estate 9. sale che proiettano film pornografici 10. controfigura

NUDO COME UN VERME

Esercizio 1.

1.1 1. disperazione 2. negazione, rifiuto 3. resa, ammissione di torto 4. non gradimento 5. esasperazione 6. attenzione, preoccupazione 7. perplessità 8. impotenza 9. grande stupore 10. emozione, disagio 11. non gradimento 12. curiosità

1.2 1. ha messo la mano destra sulla fronte, poi sul petto, poi sulla spalla sinistra, poi sulla spalla destra 2. ha toccato con la mano un oggetto di ferro, oppure ha incrociato il dito medio della mano sull'anulare, oppure ha fatto il gesto delle corna facendo sporgere l'anulare e il mignolo e ritraendo le altre dita, ecc. 3. ha sporto in fuori il palmo della mano facendo piccoli movimenti ripetuti verso l'esterno 4. hanno battuto il palmo della mano destra contro quello della sinistra provocando rumore 5. batteva un piede a terra, ecc. 6. ha messo il dito indice perpendicolarmente sulla bocca e ha sporto le labbra in fuori 7. ha alzato leggermente il mento verso l'alto e gli occhi al cielo 8. ha messo la punta di due dita sulla bocca, ha sporto le labbra in fuori e poi ha rivolto le dita verso l'esterno 9. ha chiuso e riaperto velocemente la mano alzata 10. ha mosso avanti e indietro l'indice oppure ha agitato la mano a palmo in giù o a palmo in su

Esercizio 2.

2.1 sensibilità per la musica / capacità di osservare e misurare / intuito / abilità nel disegno / autorità e capacità di gestione / intelligenza / bontà / coraggio / capacità di sopportare cose sgradevoli / fortuna / forza e risolutezza

Esercizio 3.

3.1 noioso come una mosca / nudo come un verme / muto come un pesce / grasso come un maiale / solo come un cane / lento come una lumaca / curioso come una scimmia / sano come un pesce / coraggioso come un leone / cieco come una talpa / testardo come un mulo / furbo come una volpe / pazzo come un cavallo

3.2 la mafia / un elogio di qualcuno che è appena morto / si racconta che il coccodrillo, dopo aver divorato la sua preda, si metta a piange-

re: si chiamano perciò "lacrime di coccodrillo" le lacrime di chi piange per sua colpa / parlando ha fatto un errore scambiando una parola per un'altra / ha fatto un errore a causa di un equivoco / imbroglio o anche grossa sciocchezza

3.3 mangiare come un bue, mangiare come un uccellino, piangere come un vitello, correre come una lepre, saltare come un grillo, cantare come un usignolo, dormire come un ghiro / mangiare come un bue vuol dire mangiare moltissimo, mangiare come un uccellino vuol dire mangiare pochissimo

3.4 cavallo / cavallo / elefante / lupi / lupi / cani / aquila / aquila, falco, lince / riccio

Esercizio 4. L'ASINO

4.1 somaro, ciuco / ciuccio

4.2 ragliare / hi ho, hi ho

4.3 in un asino / perché non ha voluto andare a scuola / persona ignorante o sciocca

4.4 gli scolari che non sapevano la lezione / persona molto rozza e ignorante / nella vita ci sono cose più importanti dello studio / non vale la pena di dare ascolto alle parole di persone rozze e ignoranti

4.5 lo sgarbo che si fa a chi è caduto in disgrazia

Esercizio 5. I COLORI

5.1 blu o viola / rosso / verde / bianco

5.2 per una forte emozione (imbarazzo, vergogna, rabbia ecc.) / per il troppo sole / quando è di carnagione chiara, non ancora abbronzato dal sole / per una forte emozione (paura, orrore ecc.) / quando ha ottima salute (di solito di bambini) / quando è malato

5.3 il carbon(e), / la pece, la notte, il diavolo, l'inferno

5.4 il viola / il nero / il verde / il rosso / il rosa / il bianco

5.5 la Guardia di Finanza / il resoconto di furti, delitti ecc. / una settimana turistica, tutto compreso, in montagna, d'inverno / un numero telefonico con prefisso riconoscibile (di solito il 167) in cui le telefonate sono gratuite per chi chiama / un libro dove il lettore è chiamato a scoprire l'assassino / una linea telefonica cui ci si può rivolgere per problemi riguardanti maltrattamenti di bambini / un romanzo d'amore con lieto fine / le pagine inserite nell'elenco telefonico che danno informazioni su negozi e servizi cittadini / macchine di servizio in dotazione ad alti funzionari dello Stato / fiocco che si appende sulla porta di casa per annunciare la nascita di un maschietto / cattivo umore / bambino ammalato di cuore / le squadre sportive nazionali / un partito politico o anche un gruppo di pressione che si batte per il rispetto della natura e lotta contro gli inquinamenti / il vincitore di una tappa del Giro d'Italia / chi in un gruppo di persone si comporta male e danneggia le altre / una linea telefonica cui ci si può rivolgere in caso di maltrattamenti a donne

Esercizio 6. I RUMORI

6.1 l'accelerazione di un motore - VRUM VRUM, il verso del gatto - MIAO, il suono delle campane - DIN DON DAN, il verso del pulcino - PIO PIO, il rumore del treno - CIUFF CIUFF, il verso del cane - BAU, il rumore di un orologio - TIC TAC, il verso della gallina - COCCODÈ

6.2 bum - un'esplosione / ciccicì - rumore di chiacchere / cip cip - cinguettio di uccellini / cri cri - il verso del grillo / driiin - lo squillo del telefono, della sveglia / gnam gnam - rumore di qualcuno che mastica / glu glu - rumore di acqua che scende / patatrac - rumore di un crollo / patapunfete - caduta di un corpo pesante / pim pum pam - rumore di spari / sciò sciò - voce per allontanare le galline / tin tin - rumore leggero di vetri che si toccano / toc toc - rumore di qualcuno che bussa alla porta / tuu tuu tuu - segnale di occupato al telefono / zac, zacchete - un taglio secco

6.3 toc toc, zac (oppure zacchete), din don dan, pim pum pam, driiin, tic tac, cri cri, patatrac

Annotazioni

Annotazioni

Amato
Mondo italiano
testi autentici sulla realtà sociale
e culturale italiana
- libro dello studente
- quaderno degli esercizi

Ambroso e Stefancich
Parole
10 percorsi nel lessico italiano
esercizi guidati

Avitabile
Italian for the English-speaking

Barki e Diadori
Pro e contro 1
conversare e argomentare in italiano
livello intermedio
- libro dello studente
- guida per l'insegnante

Battaglia
Grammatica italiana per stranieri

Battaglia
Gramática italiana
para estudiantes de habla española

Battaglia
Leggiamo e conversiamo
letture italiane con esercizi
per la conversazione

Battaglia e Varsi
Parole e immagini
corso elementare di lingua italiana
per principianti

Bettoni e Vicentini
Passeggiate italiane
lezioni di italiano - livello avanzato

Bettoni e Vicentini
Imparare dal vivo **
lezioni di italiano - livello avanzato
- manuale per l'allievo
- chiavi per gli esercizi

Buttaroni
Letteratura al naturale
autori italiani contemporanei
con attività di analisi linguistica

Camalich e Temperini
Un mare di parole
letture ed esercizi di lessico italiano

Carresi, Chiarenza e Frollano
L'italiano all'opera
attività linguistiche
attraverso 15 arie famose

Cherubini
L'italiano per gli affari
corso comunicativo di lingua
e cultura aziendale
- manuale di lavoro
- 1 audiocassetta

Cini
Strategie di scrittura
quaderno di scrittura - livello intermedio

Diadori
Senza parole
100 gesti degli italiani

du Bessé
PerCORSO GUIDAto
guida di Roma con attività ed esercizi

Gruppo META
Uno
corso comunicativo di italiano - primo livello
- libro dello studente
- libro degli esercizi e sintesi di grammatica
- guida per l'insegnante
- 3 audiocassette

Gruppo META
Due
corso comunicativo di italiano - secondo livello
- libro dello studente
- libro degli esercizi e sintesi di grammatica
- guida per l'insegnante
- 4 audiocassette

Gruppo NAVILE
Dire, fare, capire
l'italiano come seconda lingua
- libro dello studente
- guida per l'insegnante
- 1 audiocassetta

Humphris, Luzi Catizone, Urbani
Comunicare meglio
corso di italiano
livello intermedio-avanzato
- manuale per l'allievo
- manuale per l'insegnante
- 4 audiocassette

Istruzioni per l'uso
dell'italiano in classe *1*
88 suggerimenti didattici
per attività comunicative
Istruzioni per l'uso
dell'italiano in classe *2*
111 suggerimenti didattici
per attività comunicative

Jones e Marmini
Comunicando s'impara
esperienze comunicative
• libro dello studente
• libro dell'insegnante

Maffei e Spagnesi
Ascoltami!
22 situazioni comunicative
• manuale di lavoro
• 2 audiocassette

Marmini e Vicentini
Passeggiate italiane
lezioni di italiano - livello intermedio

Marmini e Vicentini
Imparare dal vivo *
lezioni di italiano - livello intermedio
• manuale per l'allievo
• chiavi per gli esercizi

Marmini e Vicentini
Ascoltare dal vivo
manuale di ascolto - livello intermedio
• quaderno dello studente
• libro dell'insegnante
• 3 audiocassette

Paganini
issimo
quaderno di scrittura - livello avanzato

Pontesilli
Verbi italiani
modelli di coniugazione

Quaderno IT - n. 1
esame per la certificazione
dell'italiano come L2 - livello avanzato
prove del 1994 e del 1995
• volume+audiocassetta

Quaderno IT - n. 2
esame per la certificazione
dell'italiano come L2 - livello avanzato
prove del 1996 e del 1997
• volume+audiocassetta

Radicchi e Mezzedimi
Corso di lingua italiana
livello elementare
• manuale per l'allievo
• 1 audiocassetta

Radicchi
Corso di lingua italiana
livello intermedio

Radicchi
In Italia
modi di dire ed espressioni idiomatiche

Spagnesi
Dizionario dell'economia e della finanza

Stefancich
Cose d'Italia
tra lingua e cultura

Totaro e Zanardi
Quintetto italiano
approccio tematico multimediale
livello avanzato
• libro dello studente con esercizi
• libro per l'insegnante
• 2 audiocassette
• 1 videocassetta

Ulisse
Faccia a faccia
attività comunicative
livello elementare-intermedio

Urbani
Senta, scusi...
programma di comprensione auditiva
con spunti di produzione libera orale
• manuale di lavoro
• 1 audiocassetta

Urbani
Le forme del verbo italiano

Verri Menzel
La bottega dell'italiano
antologia di scrittori italiani del Novecento

Vicentini e Zanardi
Tanto per parlare
materiale per la conversazione
livello medio-avanzato
• libro dello studente
• libro dell'insegnante

Bonacci editore

Classici italiani per stranieri
testi con parafrasi* a fronte e note

1. Leopardi • *Poesie**
2. Boccaccio • *Cinque novelle**
3. Machiavelli • *Il principe**
4. Foscolo • *Sepolcri e sonetti**
5. Pirandello • *Così è (se vi pare)*
6. D'Annunzio • *Poesie**
7. D'Annunzio • *Novelle*
8. Verga • *Novelle*
9. Pascoli • *Poesie**
10. Manzoni • *Inni, odi e cori**
11. Petrarca • *Poesie**
12. Dante • *Inferno**
13. Dante • *Purgatorio**
14. Dante • *Paradiso**
15. Goldoni • *La locandiera*

Libretti d'opera per stranieri
testi con parafrasi* a fronte e note

1. *La Traviata**
2. *Cavalleria rusticana**
3. *Rigoletto**
4. *La Bohème**
5. *Il barbiere di Siviglia**
6. *Tosca**
7. *Le nozze di Figaro*
8. *Don Giovanni*
9. *Così fan tutte*

Letture per stranieri

1. Marretta • *Pronto, commissario...? 1*
   16 racconti gialli con soluzione ed esercizi per la comprensione del testo
2. Marretta • *Pronto, commissario...? 2*
   16 racconti gialli con soluzione ed esercizi per la comprensione del testo

Mosaico italiano
racconti per stranieri

1. Santoni • *La straniera*
2. Nabboli • *Una spiaggia rischiosa*
3. Nencini • *Giallo a Cortina*
4. Nencini • *Il mistero del quadro di Porta Portese*
5. Santoni • *Primavera a Roma*

Bonacci editore

Linguaggi settoriali

Dica 33
il linguaggio della medicina
• libro dello studente
• guida per l'insegnante
• 1 audiocassetta

Una lingua in pretura
il linguaggio del diritto
• libro dello studente
• guida per l'insegnante
• 1 audiocassetta

L'arte del costruire
• libro dello studente
• guida per l'insegnante

I libri dell'arco

1. Balboni • *Didattica dell'italiano a stranieri*
2. Diadori • *L'italiano televisivo*
3. Micheli • *Test d'ingresso di italiano per stranieri*
4. Benucci • *La grammatica nell'insegnamento dell'italiano a stranieri*
5. AA.VV. • *Curricolo d'italiano per stranieri*
6. Coveri, Benucci, Diadori • *Le varietà dell'italiano*

Università per Stranieri di Siena - Bonacci editore

Finito di stampare nel mese di luglio 1998 dalla TIBERGRAPH s.r.l. - Città di Castello (PG)